Nietzsche et l'éducation

À l'école de l'Antiquité

Éducation et philosophie

Collection dirigée par Bernard Jolibert et Jean Lombard

Éducation et philosophie accueille les études et les textes philosophiques qui traitent des problèmes généraux de la formation des hommes et qui visent à élucider les conditions et les démarches de l'action éducative.

Déjà parus

Jean LOMBARD *Bergson, création et éducation,* 1997.
Bernard JOLIBERT *L'éducation d'une émotion Trac, timidité, intimidation dans la littérature*, 1997.
ROLLIN *Discours préliminaire du Traité des études*, introduction et notes de Jean Lombard, 1998.
Claude FLEURY *Traité du choix et de la méthode des études*, introduction de Bernard Jolibert, 1998.
Jean LOMBARD (études réunies et présentées par) *Philosophie de l'éducation, questions d'aujourd'hui: l'École et la cité,* 1999.
Bruno BARTHELMÉ *Une philosophie de l'éducation pour l'école d'aujourd'hui,* 1999.
Gérard GUILLOT *Quelles valeurs pour l'école du XXIème siècle ?*, 2000.
Jean LOMBARD (études réunies et présentées par) *L'Ecole et les savoirs*, 2001.
Bernard VANDEWALLE *Kant, éducation et critique*, 2001.
Yves LORVELLEC *Éducation et culture*, 2002.
Jean LOMBARD (études réunies et présentées par) *L'école et l'autorité,* 2003.
Jean LOMBARD *Hannah Arendt, éducation et modernité*, 2003.
Bernard JOLIBERT *Auguste Comte, l'éducation positive*, 2004.
Jean LOMBARD *L'école et les sciences*, 2005.
Sylvain MARÉCHAL *Projet d'une loi portant défense d'apprendre à lire aux femmes,* 2007.
Jean LOMBARD (études présentées par) *L'école et la philosophie,* 2007.
Anne-Marie DROUIN-HANS *Relativisme et éducation*, 2008.
Bernard JOLIBERT *Montaigne, l'éducation humaniste,* 2009.
Jean-Louis VIVÈS *L'éducation de la femme chrétienne*, 2010.
Jean-Louis VIVÈS *Les devoirs du mari*, 2011.
Michel SOËTARD *Méthode et philosophie,* 2012.
Bernard JOLIBERT *De l'usage des mots en - isme en philosophie*, 2014.
Jean LOMBARD, *La démarche et le territoire de la philosophie*, 2014.

Julie DUMONTEIL

Nietzsche et l'éducation

À l'école de l'Antiquité

L'Harmattan

5-7, rue de l'École-Polytechnique, 75005 Paris
www. harmattan.com
diffusion.harmattan@wanadoo.fr
harmattan1@wanadoo.fr
ISBN : 978-2-343-06065-1
EAN : 9782343060651

Introduction

« Tes vrais éducateurs, ceux qui te formeront, te révéleront ce qui est vraiment le sens originel et la substance fondamentale de ton essence, ce qui résiste absolument à toute éducation et à toute formation, quelque chose en tout cas d'accès difficile, comme un faisceau lié et rigide : tes éducateurs ne peuvent être autre chose que tes libérateurs. »

Friedrich Nietzsche, *Schopenhauer éducateur.*

« L'éducation se distingue du fait d'apprendre. »

Hannah Arendt, *La crise de l'éducation.*

La notion d'éducation est au centre de la réflexion nietzschéenne. Le penseur connaît bien l'institution d'éducation allemande. C'est au contact de l'enseignement néo-humaniste, dont la philologie classique et son étude des langues et des textes de l'Antiquité grecque et latine est la pierre de voûte, que sa pensée de l'éducation se forme dès ses plus jeunes années. En effet, de 1858 à 1876, Nietzsche est élève, puis étudiant, et enfin professeur. Or la réflexion qu'il porte sur l'institution est éminemment critique. Quelques mois avant d'être professeur, en octobre 1868, il adresse une lettre à son ami Paul Deussen, dans laquelle la matière qu'il va enseigner, la philologie classique, se trouve qualifiée d'« avorton […] né d'un idiot ou d'un crétin[1] ». À la veille d'entrer en fonction à l'université de Bâle, il parle de sa discipline avec mépris, déclarant être sur le point de « [l']envoyer à sa vraie place, parmi les ustensiles domestiques de grand-papa[2] ». Sa nomination est loin de susciter son enthousiasme : « voici que ce diable de destin m'appâte avec une chaire[3] ». Le dédain de Nietzsche s'applique à l'institution dans son ensemble, toutes disciplines confondues. En 1871, alors qu'il est professeur de philologie, il postule pour une chaire de philosophie, mais il est toujours aussi méprisant : avant même d'apprendre que sa demande n'a pas abouti, il montre, dans une lettre à son ami Erwin Rohde, datée du 8 février 1871, son peu d'estime pour cette fonction qui l'aurait réduit à être un « philosophe universitaire[4] », reprenant là l'expression de Schopenhauer. La philologie, la philosophie, l'éducation dans son ensemble, telles qu'elles sont pratiquées par l'institution à son époque, ne peuvent permettre aux individus de réaliser leur potentiel. Ainsi, dès 1858, presque depuis ses premières expériences de l'école, jusqu'en 1876, date à laquelle, à l'âge de trente deux ans, il s'éloigne de l'enseignement, Nietzsche se livre dans ses écrits à une critique de l'éducation.

Cependant, sa réflexion est loin d'être négative. S'il veut détruire, c'est pour mieux reconstruire. Il essaie, pendant cette période, de définir de nouveaux objectifs, de nouvelles méthodes, au service d'un idéal exaltant : la réalisation d'individus hors du commun, œuvrant pour le renouveau de la culture allemande. Avec l'enthousiasme des jeunes années, avec aussi parfois le découragement devant la difficulté de la tâche, il s'efforce de cerner la notion qui restera toute sa vie au cœur de sa réflexion : celle d'éducation.

---

[1] Lettre à Paul Deussen, datée de la deuxième moitié d'octobre, Corr. 1, p. 610.

[2] Lettre à Erwin Rohde, datée du 16 janvier 1869, Corr 1, p. 639.

[3] *Ibid.*

[4] Lettre à Erwin Rohde, datée du 8 février 1871, Corr 2, p. 170.

La notion d'éducation est en effet complexe et très vaste : en allemand, l'usage de différents mots pour la désigner témoigne de la richesse du concept.

Les termes utilisés par Nietzsche dans sa réflexion sur l'éducation évoluent selon les différentes phases de sa pensée. Dans la première étape, qui correspond à ses écrits de jeunesse rédigés de 1858 à 1876, l'éducation est principalement désignée par l'*Erziehung* et la *Bildung*. Dans le discours de Nietzsche, ces notions sont liées : l'individu doit s'en remettre aux « vrais éducateurs [*Erzieher*] et à ceux qui [le] formeront [*Bildner*][5] ».

Les concepts de *Bildung* et d'*Erziehung* sont différents et complémentaires. L'*Erziehung* désigne principalement les moyens qui sont utilisés temporairement par autrui pour élever les jeunes afin qu'ils subviennent à leurs besoins et soient autonomes, afin qu'ils acquièrent les savoirs nécessaires à la vie en société ; la *Bildung* développe, tout au long de la vie, la capacité de l'individu à agir et à se définir lui-même au contact de la culture, dans une perspective librement choisie[6].

Cependant, la distinction entre ces deux termes n'apparaît pas aussi nettement dans les écrits du jeune Nietzsche, comme en témoigne la citation mise en exergue de cette étude, qui emploie les deux mots. Pour le penseur, *Erziehung* et *Bildung* sont deux aspects d'un seul et même phénomène : celui de l'éducation. L'*Erziehung*, qui permet l'apprentissage de savoirs et de compétences, ainsi que la *Bildung*, qui encourage la réalisation de la personnalité par la transmission de valeurs et de données culturelles, constituent l'ensemble de l'éducation que doivent recevoir les individus. Aussi ces deux termes allemands sont-ils tous les deux traduits en français, dans les *Œuvres philosophiques complètes* de Nietzsche, par le terme d'éducation. Si cet usage est courant dans le cas de *Erziehung*,

---

[5] KSA 1, *Schopenhauer als Erzieher*, p. 341.

[6] G. Bollenbeck, 1994 ; W. Kalfki, 1996 ; T. Ballauff, 2004 ; D. Schwanitz, 2002 ; H. v. Hentig, 2004.

les traducteurs expliquent en revanche leurs choix à propos du terme *Bildung*[7] qui est plus difficile à rendre dans cette langue :

> « Les divers sens du mot allemand *Bildung*, qui désigne la formation, la culture, la constitution d'une forme ou d'une image, voire le façonnement en général [...] nous ont incités à choisir le plus souvent pour *Bildung* : soit *culture*, soit *éducation*, soit *éducation et culture*[8]. »

Dans les textes de Nietzsche de 1858 à 1876[9], il n'y a donc pas de différence fondamentale entre les termes de *Erziehung* et *Bildung* : ils représentent tous deux l'éducation. L'étendue de la notion d'éducation et sa diversité soulignent combien est grande son importance pour l'être humain. Elle a donc toujours été au centre des préoccupations des sociétés. Mais à l'époque où Nietzsche est élève, étudiant puis enseignant, la question de l'éducation est tout particulièrement d'actualité.

La nouvelle institution d'éducation se met en effet en place au début du XIXe siècle, en Prusse. Les réformes conçues après 1806 permettent à l'État d'étendre, par rapport à l'époque de l'*Aufklärung*, ses champs d'intervention et de contrôle de l'éducation. Même s'il n'existe pas encore de ministère de l'éducation, une « section pour l'enseignement et la culture » est fondée, à partir de 1808, au ministère de l'intérieur. Elle représente un support institutionnel stable sur lequel peut alors s'appuyer la planification étatique des écoles, des lycées et des universités. De 1809 à 1910, Wilhelm von Humboldt et ses proches collaborateurs, Nicolovius et Süvern, dirigent cette section et lui donnent les moyens nécessaires à la réalisation de

---

[7] Cependant, lorsque les deux vocables allemands sont côte à côte, la traduction utilise un autre terme qui permet d'éviter la répétition d'« éducation ». Ainsi, le terme de « formation » peut être utilisé pour traduire *Bildung* puisqu'il évoque l'idée de « donner forme ».

[8] OPC I1, p. 17.

[9] Bien souvent Nietzsche ne fait pas la distinction entre les termes de *Bildung* et d'*Erziehung*. C'est pourquoi les termes de formation et d'éducation seront utilisés de façon indifférenciée dans ce travail.

l'institution d'éducation. En 1809, Humboldt crée au sein de la section une « députation scientifique » dont les membres sont des scientifiques, comme par exemple Schleiermacher. La même année, dans *Sur les autorités scolaires municipales*, il affirme le primat de l'État sur le pouvoir de l'Église dans la nomination des enseignants et préconise une uniformisation des examens. L'éducation est dès lors organisée selon des principes unitaires et le recrutement des fonctionnaires s'appuie sur des critères de compétence et non plus sur de simples critères d'origine sociale.

Lorsque Nietzsche entre à l'école, le système éducatif allemand est donc en pleine mutation. La scolarisation obligatoire fait que l'éducation conditionne désormais la vie de toute une génération pendant au moins quelques années. Aussi le XIXe siècle, qui procède, de ce fait, à une réorganisation de la société grâce à l'enseignement, est-il nommé à juste titre, par les historiens de l'éducation allemands, le « siècle de l'éducation[10] ».

C'est dans ce contexte de bouleversements des structures de l'enseignement que s'inscrit la réflexion du jeune Nietzsche sur l'éducation. Il prend donc bien position sur un sujet d'actualité, mais son angle d'approche est nouveau et ses considérations sont « inactuelles ».

En effet, la réflexion de Nietzsche est loin d'être seulement circonstancielle. Elle constitue bien plus un élément essentiel de sa pensée et parcourt son œuvre dans son ensemble. Les écrits qu'il rédige de 1858 à 1876 correspondent à une étape de sa vie où il se trouve au cœur de l'institution. Le thème étudié, l'éducation, justifie ainsi qu'une attention particulière soit portée aux écrits de jeunesse et de l'époque bâloise du penseur.

Dans ces œuvres, la conception nietzschéenne de l'éducation comprend de nombreux aspects dont certains paraissent contradictoires. Pour pouvoir les réunir dans une analyse constructive, cette étude choisit comme fil directeur la devise

---

[10] Jeismann, 1987, dans son introduction.

du poète grec Pindare, souvent citée par Nietzsche : « Deviens celui que tu es[11] ». Tout en respectant les différentes orientations que prend la réflexion du jeune homme, l'injonction du poète sert de guide à travers les méandres de sa pensée, permet d'en comprendre les articulations et d'en suivre le cheminement, la direction fondamentale.

Si la pensée nietzschéenne est foisonnante, les différents aspects convergent cependant tous vers un objectif fédérateur : le but de l'éducation est de permettre à chaque individu, à chaque civilisation de jouer son rôle, conformément à sa nature ; chacun, selon ses potentialités, a une tâche à accomplir pour mener la civilisation vers la culture. Tous les individus, les génies comme les êtres anonymes, doivent être éduqués de la façon qui leur est la plus adaptée ; si les premiers sont voués à se consacrer à la culture, les autres s'épanouiront dans des activités différentes, tout aussi nécessaires à la civilisation. C'est bien l'éducation qui, seule, peut donner aux individus la conscience de leurs capacités et les aider à les développer. Ainsi seulement tous pourront se réaliser, devenir, selon la formule de Pindare, ceux qu'ils sont.

Non seulement la citation du poète grec, extraite des *Odes pythiques*[12], apparaît en 1882 dans le *Gai savoir*[13], en 1883 dans *Ainsi parlait Zarathoustra*[14] et sert de sous-titre à *Ecce homo* rédigé en 1888, mais elle figure déjà dans un écrit de 1867. Nietzsche, alors étudiant, rédige une étude de Diogène Laërce, dans la version allemande de laquelle il cite en grec : « Genoi oios esti »[15] [16] [17], « Deviens celui que tu es ». Cet article, qui vaut à son auteur un prix de l'université de Leipzig, est publié

---

[11] Pindare, *Odes pythiques*, II, 73.
[12] *Ibid.*
[13] *Le Gai savoir*, § 270, RL II, p. 163.
[14] *Ainsi parlait Zarathoustra*, RL II, p. 471.
[15] BAW 4, p. 222.
[16] Pour la traduction de l'expression grecque, se reporter à l'article de Görner, 2005, p. 135.
[17] Nietzsche cite également la formule de Pindare, à la même époque, dans une lettre à Rodhe, datée du 3 novembre 1867, Corr. 1, pp. 525-526.

dans sa version latine, corrigée par le philologue Friedrich Wilhelm Ritschl, dans le *Rheinisches Museum*[18] en 1868 et 1869. Par la référence à Pindare, Nietzsche prouve que la philologie classique et l'Antiquité jouent un rôle formateur sur les jeunes esprits.

De plus le propos même du texte de Diogène Laërce, dans l'analyse duquel Nietzsche cite la devise de Pindare, permet d'éviter les contresens sur la signification que prend cette citation dans l'œuvre nietzschéenne. L'étude de l'auteur grec, qui privilégie une approche biographique des philosophes grecs, s'inscrit dans le cadre de la réflexion nietzschéenne sur les fortes personnalités et leur rôle déterminant dans l'histoire. Ainsi, le rapport du penseur à la philosophie antique se situe moins dans une approche d'histoire des idées que dans une perspective psychologique s'appuyant sur des cas individuels : les grands hommes. Le sens de la devise de Pindare est alors évident. Il ne s'agit pas de faire l'apologie du laisser-aller, de l'autonomie totale et incontrôlée, mais bien au contraire de se prononcer en faveur d'une éducation stricte ayant pour but de permettre aux individus, et tout particulièrement à ceux dotés d'un grand potentiel, de réaliser au mieux leurs capacités. La conception nietzschéenne apparaît bien ainsi à l'opposé de celle de Rousseau. Alors que ce dernier considère que l'éducation des hommes est semblable à celle des plantes et consiste à leur imposer une direction et une forme précises, Nietzsche affirme, dans ses écrits de 1858 à 1876, qu'elle doit au contraire encourager le développement des individus en leur apportant ce qui est nécessaire à leur réalisation, sans chercher à les transformer.

Aussi le jeune professeur envisage-t-il la philologie classique, en théorie et dans la pratique de sa méthode d'enseignement, comme un moyen d'encourager le renouveau culturel de l'Allemagne.

---

[18] « De Laetii Diogenis fontibus » I/II. In : *Rheinisches Museum*, NF XXIII, 1868, pp. 632-635, III/IV. In : *Rheinisches Museum*, NF XXIV, 1869, pp. 181-228.

Il convient alors de s'interroger sur l'importance qu'il accorde à l'Antiquité dans cette régénérescence et de définir quels rôles respectifs, dans la réalisation de la culture, il attribue à la Grèce et à la Rome antiques. Comment, à l'école de l'Antiquité, les Allemands peuvent-ils devenir ceux qu'ils sont ?

De l'utilité de la philologie classique pour l'éducation

Nietzsche et la philologie classique

Un choix inactuel

Le nom même de philologie, dont la signification étymologique est l'amour du *logos*, du discours textuel ou parlé, apparaît, selon Suétone, lorsqu'Ératosthène, bibliothécaire d'Alexandrie, se déclare *philólogos*. Au XVIe siècle, Guillaume Budé donne à la philologie son caractère humaniste. Elle est à l'origine des « humanités » qui désignent, jusqu'au XIXe siècle, l'étude du latin et du grec. Mais c'est surtout Friedrich August Wolf qui définit, en 1777, la philologie comme la science de l'Antiquité, *Altertumwissenschaft*, dont l'objectif est la connaissance de la culture et de la civilisation gréco-latine dans leur ensemble. Il ne s'agit pas uniquement de l'étude des langues et des textes, mais aussi de la connaissance de la vie, de l'art et de l'esprit antiques. Cette conception de l'Antiquité est partagée par Schlegel, Goethe et Humboldt. Ce dernier considère que la nouvelle institution d'éducation allemande néo-humaniste doit se fonder sur ce principe.

Ainsi, dans la première moitié du XIXe siècle, lorsque Nietzsche est encore un enfant, la philologie classique développe la méthode d'analyse historique et critique pour reconstruire les textes de l'Antiquité. Cette approche scientifique de la langue, dans une perspective historique, à partir de documents écrits, a pour but d'établir des textes les plus dignes de confiance possible. Pour ce faire, les philologues utilisent toutes les sources auxquelles ils ont accès pour déterminer, au moyen de la comparaison, laquelle des versions conservées est la plus proche de l'original. Ils procèdent à des corrections sur les documents qu'ils possèdent lorsque cela est nécessaire. L'approche philologique des textes se préoccupe donc des phénomènes d'édition, de datation et de localisation des écrits. Pour parvenir à son but, la philologie s'appuie sur différents champs disciplinaires : la linguistique, la grammaire, la stylistique, mais aussi l'histoire ou encore l'archéologie.

Nietzsche, pendant la première moitié de sa vie, investit beaucoup de son énergie dans la philologie et voue à cet idéal scientifique la plus grande partie de son temps. Le lycée néo-humaniste et les enseignements philologiques qu'il y a reçus l'ont profondément influencé et l'ont même détourné définitivement de la théologie à laquelle il était originairement destiné. Fils de pasteur, il sait combien il déçoit alors sa famille. Le choix du jeune homme est une preuve de courage et c'est avec détermination qu'il s'engage dans la voie tracée par Friedrich August Wolf pour se consacrer à l'étude de la philologie classique.

Cependant, ce n'est pas sans une certaine réserve que, quelques années plus tard, il décide d'enseigner lui-même cette discipline. Il est conscient de la remise en question progressive de l'enseignement de cette matière dont le prestige s'est amoindri, et il est en proie au doute quant à la pertinence de son choix. La philologie classique, comme Christian Benne l'affirme dans son analyse sur *Nietzsche et la philologie historique et critique*, est devenue « inactuelle[19] ».

Si Nietzsche prend la décision, malgré tout, de se consacrer professionnellement à cette discipline, c'est parce qu'il espère grâce à elle pouvoir offrir une vision de l'Antiquité, qui redonnerait à cette dernière toute sa valeur éducatrice. C'est pourquoi, lorsqu'il est professeur dans le secondaire et dans le supérieur à Bâle, il cherche à imposer sa conception d'une philologie nouvelle, intempestive, hautement éducative.

Le projet éducatif de Nietzsche : une conception intempestive de la philologie classique

Nietzsche occupe un poste d'*Extraordinarius*, de professeur stagiaire, dans un premier temps, puis d'*Ordinarius*, de titulaire, à l'université et au *Pädagogium* de Bâle. À l'âge de vingt quatre ans, il est professeur de lettres, de littérature, de

[19] Benne, 2005, p. 5.

grammaire et de civilisation classique et considère la philologie classique comme l'étude de l'Antiquité.

Il consacre les premières années de sa vie professionnelle à l'enseignement de la philologie classique dans un cadre scolaire et universitaire. Cependant, la conception de sa discipline, qu'il exprime dès son entrée en fonction, est inactuelle car elle est, en de nombreux points, très différente de la vision de la philologie classique que prône l'institution. Or la philologie est l'élément central de son projet éducatif, dont l'objectif est de permettre aux individus, en leur offrant pour modèle l'Antiquité et sa vision du monde, de devenir ceux qu'ils sont.

Cette conception de la philologie, qui est au cœur de sa pensée, apparaît très clairement dès son discours inaugural. Ainsi, s'il met bien en pratique la méthode historique et critique des textes lors de ses études et dans les travaux qu'il mène en tant qu'universitaire, il estime que cette méthode n'est pas suffisante. Elle représente le seul moyen d'accès à la culture antique, or sa valeur éducatrice n'est pas assez prise en compte. Le jeune professeur veut transmettre une vision de l'Antiquité différente de celle des philologues de son époque. La conception de Nietzsche est une conception particulière de l'Antiquité devenant modèle culturel et permettant l'affirmation de l'art et de la vie.

Un mois après son arrivée à Bâle, le jeune homme tient, le 28 mai 1869, son premier discours, intitulé *Homère et la philologie classique*[20]. C'est pour lui l'occasion de prouver au corps enseignant ce dont il est capable et de revendiquer sa vision de l'Antiquité. Il y parle, devant un public nombreux, de la personnalité d'Homère.

L'intention de l'orateur est donc, apparemment, de traiter d'une question purement philologique.

Cependant, le discours inaugural du jeune homme va bien au-delà de ce que le titre laisse présager. Il s'agit d'une prise de position particulièrement courageuse pour un jeune professeur

---

[20] KGW II 1, pp. 247-269.

qui a intégré son poste à l'université sans avoir rédigé de thèse de doctorat[21] : son discours inaugural est un plaidoyer pour une réforme radicale de l'enseignement de la philologie classique afin que cette discipline puisse servir au mieux sa vision de l'Antiquité. Et cela est d'autant plus osé que la conception de la philologie qu'il souhaite voir mise en pratique diffère de celle de ses collègues.

Contre l'image réductrice de l'Antiquité transmise par la philologie classique

Dans son discours inaugural, Nietzsche condamne donc l'approche purement scientifique de la philologie classique qui prévaut à son époque, car, telle qu'elle est enseignée, cette discipline ne peut parvenir à véhiculer l'esprit antique.

Dans un premier temps, le jeune professeur, qui veut exprimer ses critiques tout en ménageant ses collègues, prétend reprendre les propos des détracteurs de la philologie. C'est ainsi qu'il rappelle que certains jugent l'étude de l'Antiquité trop érudite et stérile. Pour eux, les philologues sont des taupes[22] dont le métier consiste uniquement à avaler de la poussière[23], à disséquer des textes sans prêter attention au contenu. Or, c'est la prise de position de Nietzsche qui apparaît ici en filigrane. Ainsi, quelques années plus tard, dans ses conférences de 1872 intitulées *Sur l'avenir de nos établissements d'enseignement*, il se moquera de ces « barbares[24] » de philologues et de leurs travaux dont la méticulosité n'a d'égal que l'inutilité[25].

Dans le deuxième temps du discours inaugural, la critique nietzschéenne porte sur l'image morcelée de l'Antiquité qui résulte de la trop grande spécialisation de la philologie. Comme le penseur l'affirmera dans *Sur l'avenir de nos établissements*

[21] Nietzsche a obtenu son diplôme de doctorat sur la seule base de ses publications dans le *Rheinisches Museum*.
[22] KGW II 1, p.250.
[23] KGW II 1, p.250.
[24] N 97, p. 126.
[25] *Id.*, pp. 126-127.

d'enseignement, « l'Antiquité vole en éclats sous les coups des philologues[26] ». Non seulement une telle pratique de la philologie classique ne permet pas la résurrection de l'esprit antique, mais elle est elle-même responsable de la disparition de l'unité intuitive de la Grèce. Elle considère la philologie comme une matière purement historique ou purement linguistique. Le lien qui unit ces deux aspects de la discipline, à savoir le contenu idéel formateur de l'Antiquité, ne peut alors être pris en compte.

Dans un troisième temps, Nietzsche déplore la conception trop scientifique de l'Antiquité, qui étouffe l'idéal antique. Il évoque la dernière et la plus dangereuse des catégories d'opposants à la philologie, à savoir ceux qui haïssent réellement cette discipline car ils craignent l'idéal même que véhicule la culture grecque. Vouant un culte à la modernité, ils redoutent les changements que peut provoquer l'esprit de l'Antiquité.

Enfin, la critique de Nietzsche s'inscrit dans une réflexion sur la société de son temps, sur le goût prononcé des philistins pour l'actuel, qu'il soit représenté par l'État et ses institutions, par le style journalistique ou encore par l'historicisme.

Nietzsche oppose le caractère esthétique et formateur de l'Antiquité au « règlement scolaire[27] », au « développement politique de la masse[28] » ou encore au « progrès prestigieux de la technique et de l'industrie[29] ». Ces domaines, dont est si fière la société de son temps, ne conduisent qu'à l'« errance du goût [30]», à la destruction de la culture, à la « barbarie[31] ».

Le jeune professeur, dès son discours inaugural, critique donc l'approche réductrice de l'Antiquité à laquelle se livre la philologie de son époque. L'esprit dans lequel l'institution

---

[26] *Id.*, p. 127.
[27] KGW II 1, P 251.
[28] *Ibid.*
[29] *Ibid.*
[30] *Ibid.*
[31] *Ibid.*

d'éducation envisage cette discipline participe pleinement aux déviances de son temps. À l'image du monde contemporain, son enseignement est trop scientifique, spécialisé et stérile. Nietzsche déplore qu'ainsi reste inexploité le potentiel hautement formateur de la culture antique.

La philologie classique au service d'une Antiquité éducatrice

Transmettre la force créatrice de l'Antiquité

Devant ses collègues de l'université de Bâle, Nietzsche, dans son discours inaugural, expose une conception de la philologie classique et de l'Antiquité qui diffère de la leur : « À Bâle, je me trouve isolé[32] », reconnaît-il, en guise d'introduction dans la version publiée de son discours.

Le jeune professeur met en avant une approche de l'Antiquité qu'il appréhende comme un ensemble culturel cohérent. Cette conception de la philologie s'inscrit dans le contexte de la pensée d'une culture universelle inspirée par Humboldt. Plusieurs sciences[33] composent en effet la philologie : « une part d'histoire[34] », qui permet de replacer les textes anciens dans leur contexte, une part de ce que Nietzsche appelle « sciences naturelles[35] » et qui, dans une perspective anthropologique, permet d'analyser l'instinct humain fondamental, « l'instinct langagier[36] » et enfin « une part d'esthétique[37] » qui permet de considérer « le monde idéal[38]» de l'Antiquité comme un miroir dans lequel le monde moderne

[32] KGW II 1, p. 248.
[33] *Id.*, p. 249.
[34] *Ibid.*
[35] *Ibid.*
[36] *Ibid.*
[37] *Ibid.*
[38] *Ibid.*

peut se regarder pour corriger ses erreurs. C'est dans cette perspective que Nietzsche cite Goethe et affirme que l'Antiquité peut enflammer le cœur de ses contemporains s'ils la conçoivent comme un ensemble[39].

De plus, la conception de l'Antiquité qu'expose Nietzsche dans son discours inaugural accorde une grande importance au contenu idéel des textes. Le jeune professeur est en cela très proche de Humboldt, dont le projet éducatif repose sur la transmission de la culture antique grâce à l'apprentissage des langues anciennes.

L'« exemplarité éternelle[40] », la perfection de la culture classique représentent les éléments les plus dignes d'apprentissage et les plus aptes à promouvoir la culture[41]. Le degré de perfection atteint par la civilisation grecque doit être une source d'inspiration pour l'époque moderne. Nietzsche décrit ainsi le rôle de la philologie :

> « Elle arrive dans un monde aux couleurs et aux images sombres et plein des plus profondes et incurables souffrances, et elle les console en parlant des beaux et lumineux dieux d'un bleu pays enchanté, lointain et heureux[42]. »

Pour Humboldt comme pour Nietzsche, le but n'est pas de former de futurs historiens ou philologues mais de transmettre la force créatrice du génie antique.

L'Antiquité doit guider vers une culture à venir. Il lui faut féconder le présent pour le rendre digne de culture. L'esprit antique permet ainsi la réalisation des peuples modernes dans un réel processus de dialogue entre les cultures.

---

[39] KGW II 1, p. 252.
[40] *Id.*, p. 250.
[41].KGW II 1, p. 250.
[42] *Id.*, p. 268.

La conception de la philologie classique, telle que le jeune professeur la définit, sert de point de départ à la réflexion sur l'Antiquité que le penseur développe dans ses œuvres ultérieures. La culture antique y est mise au service du présent. Elle sert de référence pour le juger, l'évaluer. Il est nécessaire de s'inspirer de l'Antiquité et de ses idéaux culturels et artistiques, que la philologie classique doit transmettre, pour lutter contre la « pseudo-culture[43] », symptôme de la modernité.

L'anéantissement de la culture moderne a essentiellement pour but d'ouvrir de nouvelles possibilités. Dans ce contexte d'affirmation d'une culture de l'avenir, l'Antiquité joue un rôle central : elle permet de dire un grand oui à toutes choses[44], comme le souligne Nietzsche dans l'*Antéchrist*. Par ce phénomène de renversement des valeurs, l'art, qui exprime une force vitale stimulante et encourage l'activité créatrice, est réhabilité. L'Antiquité, qui, comme cela a été démontré, est très tôt présente, grâce à la philologie classique, dans la pensée de Nietzsche, reste centrale dans sa philosophie puisqu'elle représente le symbole d'une éthique préchrétienne de la vie et de l'art qui doit pouvoir être propagée en Allemagne, grâce à l'inversion des valeurs qu'elle doit susciter.

Cette conception particulière du rôle formateur et éducateur de l'Antiquité se retrouve, naturellement, dans la manière dont Nietzsche enseigne la philologie classique.

Une méthode éducative innovante

Lorsque Nietzsche, encore très jeune, accepte le poste de professeur de philologie classique que lui offre l'université de Bâle, il est un scientifique prometteur mais il ne possède aucune qualification pédagogique. En tant qu'étudiant, il n'a assisté à aucun des cours de pédagogie ou de didactique qui étaient dispensés à Leipzig.

---

[43] N 97, p. 101.
[44] KSA 6, p. 248.

Il arrive à Bâle le 29 avril 1869, un mois avant le début du semestre et espère pouvoir jouer un réel rôle d'éducateur. Bâle lui offre le cadre approprié.

En tant que professeur du département d'études grecques, il assume deux activités différentes. D'une part, il assure deux cours magistraux et il est responsable d'un séminaire hebdomadaire, d'autre part, il enseigne le grec dans un établissement secondaire, le *Pädagogium*. Il décrit ainsi, dans une de ses lettres, sa semaine de six jours :

> « Chaque matin de la semaine, je donne mon cours magistral à sept heures, les trois premiers jours sur l'histoire de la poésie grecque, les trois derniers sur les Choéphores d'Eschyle. Le lundi est le jour du séminaire [...]. Le mardi et le vendredi, j'enseigne deux fois au Pädagogium, le jeudi et le vendredi, une fois : ce que je fais jusqu'ici avec plaisir[45]. »

Il a donc tout loisir d'essayer ses conceptions de l'éducation sur un public varié.

Le professeur, qui quelques années plus tard, dans ses conférences intitulées *Sur l'avenir de nos établissements d'enseignement* critique violemment l'enseignement de la philologie classique tel qu'il a lieu dans les universités, va s'efforcer de mettre en pratique le projet éducatif annoncé dans son discours inaugural, à savoir une exploitation du contenu idéel et éducatif de l'Antiquité, en complément de la méthode d'analyse critique des textes.

Nietzsche, professeur au *Pädagogium* de Bâle, fait donc l'expérience de l'enseignement dans le secondaire. Le cursus de trois ans prépare les élèves, qui viennent d'achever leurs six années d'étude au lycée, aux cours supérieurs de l'université. Auparavant, cette tâche revenait à la faculté de philosophie[46]. Le *Pädagogium* sert donc à alléger le travail de l'université, tout en étant en étroite collaboration avec elle. C'est pourquoi

[45] KSB 3, p. 7.
[46] *Bonjour*, 1971, p. 346.

une partie des professeurs leur est commune, la plupart des enseignants du *Pädagogium* étant recrutés parmi leurs collègues de l'université[47].

L'enseignement au *Pädagogium* est d'influence néo-humaniste. Les cours de langues anciennes y ont une place primordiale.

La méthode d'enseignement de Nietzsche, ainsi que ses objectifs, sont particulièrement intéressants. Le jeune professeur, qui critique le manque de vue d'ensemble de l'Antiquité chez la plupart des philologues, dispense par conséquent, *au Pädagogium*, des cours dans lesquels l'histoire intellectuelle de la Grèce est à l'honneur. À partir de textes choisis, le professeur cherche à donner à ses élèves une vue d'ensemble de la littérature grecque ainsi que de son évolution. Il sollicite également beaucoup la participation de son auditoire et cette méthode a du succès[48]. Ses élèves doivent apprendre à ressentir de l'empathie pour les auteurs de l'Antiquité afin de comprendre leurs pensées dans leurs composantes les plus profondes. Ainsi peuvent-ils partager la conception de la vie et les idéaux de l'Antiquité. Le professeur affirme :

> « Un cours qui ne parvient pas à insuffler aux élèves un attrait profond pour la vie hellénique, et qui ne leur offre pas finalement la possibilité de lire facilement les auteurs grecs – un tel cours a raté son but naturel[49]. »

Un élève se souvient : « Nietzsche nous embêtait peu avec la grammaire[50]». Ce ne sont pas tant les phrases qui intéressent le philologue que le texte. C'est pourquoi il encourage fortement, et avec succès, ses élèves à s'adonner régulièrement à des lectures personnelles pour se familiariser avec l'esprit des textes antiques. Si certains d'entre eux rencontrent d'importantes

---

[47] Gutzwiller, 1951, p. 155.
[48] Gutzwiller, 1951, p. 182.
[49] KSB 8, p. 592.
[50] Siegfried, cité par Gilman, 1981, p. 132.

difficultés avec la grammaire grecque, Nietzsche les autorise à utiliser des traductions publiées, ce qui est rigoureusement interdit dans les cours des autres enseignants[51]. Les auteurs qui sont le plus lus, traduits et commentés pendant les cours de Nietzsche sont Homère, les poètes tragiques, Platon, Thucydide, Hérodote, Xénophon, Lysias et Démosthène[52].Une attention toute particulière est portée au contenu formateur des textes antiques et non seulement à leur composante linguistique.

Nietzsche, au début de sa carrière, est heureux d'enseigner dans le secondaire. Il lui plaît « de contaminer ses élèves avec la philosophie[53]». Il jubile lorsqu'il peut faire des digressions réunissant philologie et philosophie. Trautgott Siegfried, l'un de ses élèves, en témoigne :

> « Un après-midi, de 3 à 4, nous lisions du Sophocle, et Nietzsche nous fit un brillant exposé sur la tragédie grecque et ne pouvait plus s'arrêter tant il était enthousiaste. Il était déjà quatre heures vingt et il s'adressait encore à nous, qui l'écoutions en silence avec enthousiasme[54]. »

Nietzsche écrit, dans une lettre à Rohde, que la réceptivité et la participation des élèves lui rendent l'enseignement au lycée plus agréable que les cours magistraux qu'il tient devant les étudiants : « Au fond, on se sent mieux dans une classe sympathique que dans la froide hauteur de la cathédrale académique[55] ».

Cependant, le jeune professeur développe également dans ses cours universitaires certaines méthodes plus personnelles qui servent les buts qu'il s'est fixés. Ainsi, ses cours d'« introduction à la tragédie de Sophocle[56] » montrent qu'il va bien au-delà de la méthode historique et critique. Les étudiants

---

[51] *Id.*, p. 131.
[52] KBS 8, p. 593.
[53] Lettre à Ritschl, datée du 10 mai 1869, KBS 3, p. 7.
[54] Cité par Gilman, 1981, p. 130 *sq*.
[55] KSB 3, p. 119.
[56] KGW II/3, pp. 36-58.

y sont confrontés à des expériences surprenantes, novatrices. Nietzsche fait référence, dans ce cours, à « l'idée tragique du culte de Dionysos ». Il présente à ses étudiants sa théorie osée de la naissance de la tragédie à partir de la musique extatique. Dans de tels cours magistraux, comme dans ses digressions interdisciplinaires au *Pädagogium*, il peut échapper au cadre restrictif, spécialisé et fermé de la philologie classique et transmettre sa conception du monde. Il peut réellement éduquer les étudiants, leur permettre de développer leur capacité de réflexion. Pendant des semestres entiers, il s'intéresse ainsi à Platon et aux philosophes préplatoniciens[57]. Dans ce cadre, il cherche à faire coïncider son intérêt pour la philosophie et ses obligations universitaires.

Nietzsche prend très au sérieux son rôle d'enseignant. L'enseignement qu'il dispense est à l'image du centaure qu'il évoque dans son discours inaugural. Le jeune professeur transmet en effet à ses étudiants la méthode historique et critique, mais il innove également en réunissant philologie et philosophie pour offrir une vision culturelle globale de l'Antiquité, puisque c'est, selon lui, essentiellement cet élément qui a une valeur formatrice.

Un enseignant apprécié

Nietzsche connaît un succès certain auprès de ses élèves de l'enseignement secondaire. Son collègue Jacob Mähly, de seize ans son aîné, donne deux raisons à ce phénomène. Tout d'abord, le jeune professeur est, de par son âge, proche de ses élèves. Cela lui permet de partager encore l'esprit propre à la jeunesse. Mais, s'il plaît tant à son jeune public, c'est aussi, selon Mähly, en raison du soin qu'il porte à sa tenue. Ses costumes soignés, sans être maniérés, sa moustache imposante, et même l'« odeur plaisante » du professeur forceraient le

[57] Janz, 1974.

respect des lycéens[58]. Mähly peut sembler insister sur des banalités, mais il faut retenir de ces remarques que l'image de Nietzsche contraste avec celle des professeurs de l'époque.

De plus, la réputation du jeune philologue l'a précédé. Ainsi, Traugott Siegfried, un de ses élèves, affirme ultérieurement : « Nous attendions son arrivée dans notre classe avec beaucoup d'intérêt et de hâte[59] ». Et les lycéens ne sont pas déçus :

> « Dès la première heure nous avions l'impression que le destin bienveillant nous avait envoyé un professeur extraordinaire et, d'heure en heure, notre respect et notre enthousiasme n'a fait que croître. Dès son entrée dans la classe, il régnait un silence profond et une attention générale[60]. »

Les souvenirs de la plupart des élèves évoquent la discipline que le professeur fait régner et le respect qu'ils éprouvent pour lui. La relation entre Nietzsche et ses élèves se caractérise par une sympathie et une estime réciproques. Ces derniers affirment qu'« il avait comme règle d'encourager ses lycéens à lui rendre visite[61] » et qu'« il [le]s traitait plus comme des camarades[62] ». Nietzsche témoigne dans *Ecce homo* de la facilité qu'il a à discipliner les élèves :

> « Pendant les sept années où j'ai enseigné le grec dans la classe supérieure du *Pädagogium* bâlois, je n'ai pas eu l'occasion de donner une punition ; les plus paresseux étaient assidus avec moi[63]. »

Traugott Siegfried explique comment le professeur parvient à ce résultat :

---

[58] Cité par Gilman, 1981, p. 94 *sq.*
[59] *Id.*, p. 130.
[60] Cité par Gilman, 1981, p. 130.
[61] *Id.*, p. 126.
[62] L. Gelpfe, cité par Gutzwiller, 1951, p. 216.
[63] *Ecce Homo*, Pourquoi je suis si sage, § 4, 1909, p. 207.

> « Il encourageait, par sa gentillesse et sa bienveillance, les élèves à travailler et cherchait à favoriser la prise de parole libre chez les élèves. Et il traitait tous les élèves avec la même amabilité et la même politesse[64]. »

Nietzsche est donc apprécié de ses lycéens. Il l'est aussi de ses collègues, comme par exemple de Jacob Burckhardt qui donne des cours d'histoire au *Pädagogium*.

À l'université également, Nietzsche connaît un certain succès auprès de tous ses étudiants, même si les souvenirs qu'ils conservent de son enseignement montrent que l'enthousiasme suscité par le jeune professeur n'est pas unanime. Deux d'entre eux, Jakob Wackernagel et Ludwig von Scheffler, donnent des informations sur ses cours et sur l'accueil qui lui est réservé. Jakob Wackernagel assiste aux leçons de Nietzsche en 1871, 1872 et 1875, et Ludwig von Scheffler pendant l'été 1876.

Le jugement que porte Wackernagel est plutôt négatif. En comparaison des cours que Nietzsche donne au *Pädagogium*, ses cours magistraux à l'université n'auraient exercé que peu d'attrait pour les étudiants et n'auraient été intéressants que de façon ponctuelle. Wackernagel affirme :

> « J'ai suivi en tant que débutant un cours de Nietzsche sur Platon. Je me souviens de quelques remarques courageuses et pleines d'esprit du cours d'introduction. Mais, dans l'ensemble, nous nous ennuyions[65]. »

En revanche, même les étudiants qui restent les plus insensibles aux cours magistraux de Nietzsche sont toujours, selon Wackernagel, réellement « frappés[66] » par ses conférences publiques. Le professeur est conscient de l'effet produit par *Sur l'avenir de nos établissements d'enseignement* et qualifie le succès de ses conférences d'« extraordinaire[67] ». Nietzsche est

---

[64] Cité par Gilman, 1981, p. 132.

[65] [65] Cité par Gilman, 1981, p. 124.

[66] *Ibid.*

[67] Lettre à Franziska et à Élisabeth, écrite peu après le 15 avril 1872, KBS 3, p. 308.

un brillant orateur et cette qualité, que son mentor, le philologue Ritschl, avait mise en avant pour soutenir sa nomination au poste de professeur à Bâle, réside surtout dans son extraordinaire facilité à s'exprimer librement.

L'avis du deuxième étudiant, von Scheffler, qui relate lui aussi son expérience des cours magistraux de Nietzsche, est totalement favorable à l'enseignant. Le jeune homme est séduit par le style des leçons du philologue. Il est en admiration devant la voix du professeur, qui, d'après lui, « venait de l'âme[68] ». Il apprécie la « chaleur des exposés[69] ». Dans le bilan de son premier semestre à l'université de Bâle, Nietzsche écrit dans une lettre à son ami Carl von Gersdorff :

> « Je remarque chez mes auditeurs une participation éveillée et une réelle sympathie pour moi, qui s'exprime dans le fait qu'ils viennent volontiers et souvent chercher conseil auprès de moi[70]. »

La façon dont Nietzsche présente sa vision du monde suscite chez les étudiants, selon von Scheffler, « l'impression de quelque chose de nouveau, de purement individuel[71] ».

La conception inactuelle de la philologie classique que propose Nietzsche dans ses leçons parvient donc à satisfaire les objectifs qu'il s'est fixés. Et les moments de ses cours qui marquent les étudiants si profondément que, des années plus tard, ils en gardent encore le souvenir émerveillé, sont justement ceux où le jeune professeur allie, dans une perspective culturelle, la philologie et la philosophie.

Mais l'activité d'enseignant ne s'avère pas toujours aussi satisfaisante pour Nietzsche. Dans son inactuelle inachevée *Nous les philologues*, il exprime, dès 1875, ce qui lui déplaît dans la philologie telle qu'elle existe à son époque, et ce qu'elle

---

[68] Cité par Gilman, 1981, p. 265.
[69] *Ibid.*
[70] KSB 3, p. 61.
[71] Cité par Gilman, 1981, p. 266.

devrait, selon lui, être à l'avenir. Le philologue se doit d'être « sceptique face à notre culture tout entière et donc [être] le destructeur de l'ordre des philologues[72] ».

L'université lui apparaît de plus en plus comme un lieu inopportun pour le développement des idées novatrices : « la vérité radicale n'est pas possible ici[73] ». C'est pourquoi il considère à plusieurs reprises la dissolution de « toute relation officielle entre l'État et l'université comme indispensable[74] ». Ainsi, Nietzsche, qui critique violemment l'institution d'éducation allemande, reste un fervent défenseur des institutions privées d'éducation : « Ce que l'Allemagne nécessite maintenant de toute urgence, ce sont des structures d'éducation indépendantes qui s'opposent concrètement à la torsion esclavagiste de l'État[75] ».

Au fil des années qu'il passe à Bâle, Nietzsche considère de plus en plus son activité professionnelle à l'université comme un fardeau.

La souffrance, due à la maladie, lui rend extrêmement pénible l'exercice de son métier. Le 6 février 1871, il écrit à sa mère et à sa sœur : « Mon état s'est beaucoup aggravé [...] en raison de l'épuisement. [...]. J'en ai assez de mon poste de professeur à Bâle[76] ». Effectivement, Nietzsche justifiera, quelques années plus tard, sa demande de mise à la retraite uniquement par son état de santé.

Sa lassitude a cependant également une autre raison, qui semble essentielle : l'enseignant s'éloigne de plus en plus de la science qu'il est prétendu enseigner. Son but est la réalisation d'une philologie classique qui guide les grands individus au moyen de l'esprit antique vers la culture véritable. Or, chaque jour, Nietzsche constate combien son souhait ne correspond pas à la réalité. La frustration engendrée par le fossé qui sépare ses

[72] OPC II 2, p. 296.
[73] KBS 3, p. 165.
[74] Lettre à Rohde, datée du 14 mai 1874, KSB 3, p. 226.
[75] Lettre à Élisabeth, datée du 7 février 1886, KSB 7, p. 148.
[76] KSB 3, p. 181.

théories visionnaires de la pratique conventionnelle de son métier devient de plus en plus insupportable.

Enfin, son ressentiment vis à vis de sa profession s'explique aussi par le manque de temps dont il souffre cruellement. Dès la description qu'il fait à Ritschl de son activité au *Pädagogium*, le 30 décembre 1870, il dénonce cet aspect fâcheux de l'enseignement : « Il ne me manque ici qu'une chose : du temps[77] ». Son métier de professeur l'empêche, selon lui, de se consacrer à son vrai devoir. Son but est de mener une action de grande envergure. Il veut, par ses écrits, éduquer, changer les choses, transformer la société et non pas se perdre dans la routine de la pratique scientifique. Il explique à Rohde que le conflit qui existe entre son métier et sa vocation le mine intérieurement :

> « Quelqu'un qui n'a quotidiennement consacré que peu de temps aux choses essentielles pour lui et presque tout son temps et son énergie à des obligations que d'autres pourraient faire aussi bien que lui – un tel individu n'est pas en harmonie avec lui-même, il est scindé en deux – et finit par tomber malade. Si j'ai une influence sur la jeunesse, ce n'est que grâce à mes œuvres[78]. »

Pour ces différentes raisons, Nietzsche décide de quitter la profession.

Par delà la philologie classique universitaire

Malgré ses espoirs, la tentative de Nietzsche de rénover de l'intérieur la philologie classique a échoué. Il a trente deux ans et c'est la fin de son parcours dans l'institution d'éducation mais son envie d'enseigner ne disparaît pas pour autant[79].

L'institution ne représentant pas le cadre approprié, il nourrit le vœu de créer une institution privée d'éducation. Déjà, pendant sa période bâloise, il est enthousiaste à l'idée de fonder

---

[77] KSB 3, p. 174.
[78] KSB 5, p. 278.
[79] KSB 7, p. 48.

avec des amis « une nouvelle académie grecque[80] ». Il rêve d'« un nouvel ordre, un ordre confédéré d'hommes supérieurs dans lequel les esprits et les consciences poursuivis pourront chercher conseil[81] ». Malgré ses désillusions, il n'abandonne pas sa conviction profonde qu'une autre approche de la philologie classique est réalisable, une philologie de l'avenir qui a pour but de prendre en compte tous les aspects profondément formateurs de l'Antiquité, d'en laisser resurgir la valeur esthétique et éducatrice.

L'Antiquité représente « un moyen de *nous comprendre*, de diriger et ainsi de surmonter notre temps[82] ».

Seule l'approche respectueuse de l'Antiquité dans son ensemble est réellement au service de la vie, elle seule peut lutter contre la culture moderne, elle seule peut permettre la réalisation des individus et de la culture de l'avenir. La philologie classique est loin de représenter pour Nietzsche uniquement un métier ou un enseignement universitaire. Elle a des conséquences sur l'œuvre du penseur dans sa totalité. Il s'agit d'un réel mode de pensée qui conçoit le monde à la lumière éducatrice de l'Antiquité[83].

---

[80] Lettre à Rohde, datée du 15 décembre1870, KSB 3, p. 165.

[81] KSA 11, p. 195.

[82] Fragm. été 1875, 6 [2], OPC II 2, p. 335.

[83] L'influence de la philologie et du monde antique qu'elle transmet, qui est évidente pendant la période bâloise, est également présente dans le rejet de la morale du christianisme, tel qu'il s'exprime dans les œuvres ultérieures de Nietzsche. C'est le cas dans *Le Crépuscule des idoles*, *Le Cas Wagner*, l'*Antéchrist* ou encore *Nietzsche contre Wagner*.

Latin et éducation stylistique

Le potentiel formateur du latin

Maîtriser la langue latine

Nietzsche est considéré à raison comme philhellène. Il affirme son goût pour l'Antiquité grecque, pour ses textes et les idées qu'ils défendent. La culture grecque est celle qu'il cite à titre de modèle pour l'avenir de l'Allemagne.

La question se pose alors de savoir quel rapport Nietzsche entretient avec la langue et la culture latine. Cet attrait de la culture grecque implique-t-il nécessairement une aversion pour la culture latine ? Il s'agit de voir s'il existe réellement une dichotomie dans l'idée que Nietzsche se fait de l'Antiquité grecque et de l'Antiquité latine. L'affirmation « pour les Grecs contre les Romains[84] » reflète-t-elle la position du penseur ?

Dès son plus jeune âge, Nietzsche suit une formation néo-humaniste s'appuyant sur l'apprentissage des langues anciennes et sur l'étude des textes de l'Antiquité.

Au lycée de la cathédrale de Nambourg ainsi qu'à Pforta, l'enseignement des langues anciennes constitue une priorité, comme le montre le nombre important d'heures qui lui est consacré ainsi que le haut niveau de qualification des enseignants. Cependant, le grec et le latin ne sont pas enseignés de façon égalitaire. Même si le système néo-humaniste repose sur des préceptes issus plus de la culture grecque que latine, comme en témoigne le vocabulaire utilisé par Humboldt qui en est le fondateur, l'apprentissage du latin est plus répandu et totalise un plus grand nombre d'heures que celui du grec. Ainsi, à Pforta, lycée qui se conforme aux directives ministérielles prussiennes, le latin joue un rôle prépondérant par rapport au grec. De plus, dans cet établissement, le latin ne se contente pas de répondre aux exigences ministérielles : il est également la langue d'enseignement des cours de langues anciennes et il est

[84] OPC X, Fragm. 25 [344].

employé, lors des fêtes, dans les discours. En outre, le lycée d'élite encourage les élèves à lire personnellement les textes latins et à écrire dans cette langue.

Grâce à une telle formation, Nietzsche excelle en latin. Ses résultats sont certes bons en grec, mais son niveau en latin reste nettement supérieur. Le solide enseignement reçu à Pforta, qui repose sur de nombreuses lectures telles que celles de Cicéron, Florus, Virgile, Tite-Live et Salluste[85], le familiarise avec le style latin qu'il met ensuite en pratique dans ses rédactions. Non seulement son apprentissage de cette langue ancienne est antérieur à celui du grec, mais l'enseignement poussé qui lui est dispensé et son propre enthousiasme font qu'il possède une connaissance approfondie du latin. Les notes qu'il obtient dans cette matière ainsi que le choix qu'il fait de rédiger son travail de fin d'études en latin en sont des exemples éloquents.

Ainsi, dès l'année 1859, le lycéen, qui établit un classement hiérarchique de ses « matières préférées en science[86] », mentionne en premier un « bon style en latin[87] », avant la mythologie, la littérature et la langue allemande. Si ses brillants résultats en latin sont certes dus à sa formation ainsi qu'à ses capacités d'apprentissage, ils reflètent également une réelle affinité pour cette langue.

Brevitas et *junctura*

Nietzsche s'enthousiasme pour le style latin et son potentiel formateur. Une des caractéristiques principales des écrivains latins dont Nietzsche fait l'éloge est la *brevitas*. Les rhéteurs antiques, et en particulier Quintilien, définissent cette dernière comme l'art d'« embrasser le plus [de sens] avec peu [de mots][88] ». Il s'agit donc de la précision, de la simplicité et de la concision de l'expression. Ces caractéristiques sont le propre de deux auteurs latins que Nietzsche admire : Salluste et Horace.

[85] Cités par ordre d'apparition dans les lettres rédigées par Nietzsche à Pforta.
[86] KGW 1, 2, p. 135 *sq*.
[87] *Ibid*.
[88] Quintilien, *De l'institution oratoire*, VIII, III, 82.

Salluste[89] est un des auteurs latins que Nietzsche respecte le plus. Lorsqu'il loue le style de l'écrivain, il fait cependant plus référence à la *Guerre de Jugurtha* qu'à la *Conjuration de Catilina* qui manque d'une certaine rapidité alors que la composition et le style de la *Guerre de Jugurtha* sont reconnus pour leur efficacité :

> « Les masses du style y sont en général moins détachées, moins en relief ; tout est lié, nuancé, fondu avec un art d'autant plus louable qu'il est moins apparent. Les portraits y sont encadrés et développés avec moins de faste et d'affectation[90]. »

Salluste cherche la force de l'expression dans la brièveté. Il écrit en misant sur la densité. Il prête une grande attention aux mots qu'il choisit, et les façonne avec soin. Son style est plus profond qu'étendu et sa sobriété travaillée en constitue l'attrait principal. Sa narration est vive : il utilise une suite de petites phrases saccadées. Sa force repose sur son style vigoureux, à la fois complet et pourtant contenu. Au lieu d'interpréter, comme Tacite, il montre ; il est souvent aussi énergique et concis que lui, tout en étant plus sobre. Nietzsche vante à de nombreuses reprises le style de Salluste : les mots que l'auteur latin utilise lui apparaissent comme de réels condensés de sens, ils explosent à la lecture pour révéler la signification profonde qui en est l'essence. La *brevitas* représente ainsi une densité difficile à dépasser.

Le second écrivain qui représente, pour Nietzsche, le style latin qu'il admire n'est autre qu'Horace. Le style de l'auteur des *Odes* se caractérise en effet également par sa *brevitas*. Celle-ci s'exprime, dans les textes du poète, au moyen de la *junctura*[91], qui lui permet d'entrelacer les thèmes, de juxtaposer les mots

---

[89] Nietzsche lit Salluste dans l'édition Dietsch (Teubner).

[90] Dussault, *Annales littéraires*, vol. 3, p.18.

[91] Horace affirme que tout l'art poétique tient dans la *junctura*, qui règle l'agencement des mots et des parties d'un poème, ainsi qu'il le rappelle dans sa « Lettre aux Pisons » *Œuvres complètes*, vol. 2, 1931, p. 215.

les plus simples pour leur donner une réelle force d'expression. L'agencement, la succession des mots, décuplant leur capacité d'expression, donnent au texte sa valeur évocatrice. Nietzsche admire, dans le style d'Horace,

> « cette mosaïque de mots, où chaque mot, par sa sonorité, sa place, sa signification, rayonne sa force à droite, à gauche et sur l'ensemble, ce minimum de signes, en étendue et en nombre, atteignant à ce point à un maximum dans l'énergie des signes[92] ».

Aucun poète, affirme-t-il, ne lui offre le même « ravissement artistique[93] » qu'Horace qui, avec un nombre de mots restreint, parvient à un maximum d'expressivité. C'est ce qui, selon Nietzsche, est proprement « latin[94] » et qu'il considère comme « aristocratique par excellence[95] ».

La langue latine, qui n'est pas aussi apte à l'abstraction que la langue grecque, fonctionne plus au moyen d'images. C'est pourquoi, comme l'illustrent la *brevitas* et la *junctura*, elle a une réelle force d'expression. Ce style plein, ramassé, intense traduit la force substantielle fondamentale, sans surplus de mots ni d'explications creuses.

La langue et le style latins représentent, par leur précision et leur rigueur, ce qui fait défaut à la langue allemande moderne. Il est par conséquent nécessaire que le latin éduque l'allemand.

Pour un dialogue des langues

Affrontement et enrichissement

La langue constitue à la fois un moyen d'expression et, en raison de ses structures propres, une limite à la formulation des

---

[92] KSA 6, p. 154.
[93] *Ibid.*
[94] *Ibid.*
[95] *Ibid.*

pensées, comme l'exprime Nietzsche dans *Mensonge et vérité au sens extra-moral*. La pauvreté de la langue allemande moderne constitue donc une barrière à l'établissement d'une culture véritable. Heureusement, le contact avec d'autres langues permet de remédier à sa pauvreté. L'objectif du dialogue entre les langues consiste à dépasser leurs restrictions. Ce qui fait la force et l'intérêt du langage c'est qu'il peut être remanié et que chaque type de langage permet de nouvelles pensées. Humboldt, dans l'*Introduction à l'œuvre sur le kavi,* affirme que c'est dans le dialogue des langues entre elles que les cultures peuvent progresser.

Ainsi, le dialogue joue un rôle central dans l'œuvre de Nietzsche. Les auteurs et artistes qu'il érige en modèle sont des types qu'il s'invente et qu'il fait discourir et évoluer, le tout à la manière d'un romancier. Comme l'affirme Zarathoustra, la vérité n'est pas le point d'arrivée, elle est le chemin[96]. C'est par le dialogue, et non dans sa conclusion, que se révèle la pensée. Chaque penseur et chaque discours possèdent leurs propres vérités. C'est la rencontre et la confrontation de ces discours et de ces langages qui permettent d'affirmer ou d'invalider leur contenu. C'est pourquoi toute discussion comporte une part de combativité. La force de la langue latine lui vient justement du fait qu'elle reflète le caractère martial des Romains. L'agressivité est la preuve d'une force de caractère, comme le montre Nietzsche dans *Ecce homo* : « je suis belliqueux de nature. L'agression fait partie de mes instincts [...]. C'est une condition à toute forte nature[97] ». Les formes discursives d'opposition révèlent le caractère propre des discours. Ainsi, parallèlement à la métaphore du chemin, l'intérêt du combat ne réside pas dans son dénouement mais dans sa pratique. La

---

[96] « C'est toujours à contrecœur que j'ai demandé mon chemin, j'y ai toujours répugné. Je préfère interroger les chemins eux-mêmes, et les essayer. Essayer et interroger, c'est ma façon d'avancer », *Zarathoustra*, "De l'esprit de lourdeur", 2.

[97] *Ecce homo*, Pourquoi je suis si sage, § 7, 1909, p. 211.

rencontre et la compétition, qu'elles aient lieu entre les personnes ou à une plus grande échelle entre les langues, permettent à chacun des opposants d'évaluer sa force et ses faiblesses. Les différentes formes d'expression, les différentes langues peuvent donc s'affronter et s'enrichir. Le dialogue des langues entre elles est ainsi essentiel pour parvenir à une culture authentique. L'allemand, au contact de la langue latine, doit pouvoir se libérer du poids du passé pour s'ouvrir à de nouvelles possibilités de pensée.

Intertextualité et renouveau

Nietzsche, dans ses textes, instaure un dialogue avec l'Antiquité latine. Il parsème ses œuvres, comme ses lettres, de références à des auteurs latins et les émaille de citations en latin, témoignant de son estime pour cette langue. Le penseur invite les auteurs latins, les faisant participer au renouveau de la langue allemande. Ses textes reflètent ainsi l'influence éducatrice de la langue et du style latins.

L'intégration de textes latins se fait cependant souvent de façon distanciée et voilée. Nietzsche fait référence à leurs auteurs de façon indirecte, par exemple au moyen de sous-entendus ironiques. Lorsqu'il affirme, dans *Ecce homo*, « et ainsi je me raconte ma vie[98] », il fait, par cette formule, écho aux *Pensées pour moi-même* de Marc Aurèle[99]. L'arrière plan culturel latin du texte permet à Nietzsche de se représenter, dans un processus autoréflexif, dans son rapport à l'intertextualité. L'ironie de cette double construction s'exprime à travers le fait qu'en prétendant montrer l'auteur Nietzsche, l'énoncé performatif fait finalement apparaître un autre écrivain, Marc Aurèle. La formule employée laisse, tel un palimpseste[100], transparaître en filigrane le titre de Marc Aurèle qui doit donc être identifié par le lecteur. Si Nietzsche reste bien philologue pendant toute sa vie, il faut que le lecteur qu'il souhaite voir lire

[98] KSA 6, p. 263.
[99] Sallmann, 1992, p. 9.
[100] Genette, 1992.

ses livres le soit également, qu'il soit capable de déceler l'intertextualité, sans quoi il risque d'être dans l'incapacité de saisir le propos de l'auteur et d'en tirer profit. C'est en ce sens que Nietzsche affirme, dans ses Notes sur *Nous autres philologues* : « qui n'a aucun sens du symbolique n'a aucun sens de l'Antiquité : qu'on applique cette proposition aux philologues sobres[101] ». L'approche philologique telle que la conçoit Nietzsche doit permettre d'aller au plus profond, au plus près du texte pour en percevoir toutes les allusions dissimulées. Ainsi, l'intertextualité et les sous-entendus enrichissent les textes de Nietzsche et illustrent le rôle formateur que le penseur accorde à la langue et aux auteurs latins.

Les références antiques effectuent donc parmi tous les lecteurs une sélection préliminaire qui permet à Nietzsche d'avoir un rapport privilégié avec ceux qu'il sait être de connivence avec lui. Le professeur de philologie développe une conception herméneutique du style comme élément limitant l'approche du texte : « les lois plus fines du style empêchent l'entrée, créent la distance[102] ». Ainsi, Hans-Martin Gauger[103] considère ce rapport au lecteur comme une des caractéristiques des textes de Nietzsche. Le jeu avec l'intertextualité constitue un élément profondément « communicatif[104] », qui relie tout le texte et exprime « la volonté impérative d'être compris[105] » par ceux qui sont aptes à recevoir son message. Il ne s'adresse ainsi qu'à un lectorat choisi. Il dépasse le pur domaine du textuel pour chercher à établir un lien avec ceux pour lesquels il écrit.

Non seulement les références à la littérature latine constituent une barrière qui éloigne le lecteur non avisé du propos réel de l'auteur, mais ce procédé est lui-même une référence à l'étude des textes de l'Antiquité latine. Nietzsche

[101] Notizen zu *Wir Philologen*. 3 (54), OPC II 2, p. 270, KGW 4, 1, p. 105.
[102] *Le Gai savoir*, § 381, KSA 3, p. 634.
[103] Gauger, p. 342.
[104] Gauger, p. 342.
[105] *Ibid.*

souhaite, dans *Ecce homo,* que ses œuvres soient lues comme les philologues lisaient Horace[106]. Il définit la philologie classique comme un art d'orfèvre appliqué au mot[107]. Tout la rend incompatible avec l'attitude du lecteur moderne : cette science implique une lecture et une écriture sur le mode de la lenteur[108]. C'est pourquoi Nietzsche qualifie ironiquement la pratique des textes à laquelle se livrent les philologues dont il fait partie, de « goût malveillant[109] » et anachronique. Il critique la « hâte inconvenable et transpirante[110] » de la modernité. Ses écrits, tout comme les textes d'Horace, méritent une lecture consciencieuse. Il l'affirme, en 1875, dans ses Notes sur *Nous autres philologues* : « une des grandes valeurs de l'Antiquité tient à ce que ses écrits sont les seuls que des hommes modernes lisent rigoureusement[111] ». Le dialogue intertextuel avec ces auteurs souligne le caractère inactuel des œuvres de Nietzsche, il est l'expression de l'influence créatrice que la langue et le style latins peuvent avoir sur la langue allemande.

Le sérieux latin : un antidote à la modernité

Éloge de la rigueur

Dans ses écrits de jeunesse, Nietzsche se plaint que son style soit encore bien souvent imparfait. Il a conscience de la nécessité de le travailler pour parvenir à la précision qu'il admire chez les auteurs antiques comme Salluste et Horace. Ainsi, dans une lettre à Paul Deussen, rédigée le 4 avril 1867, il

---

106 *Ecce homo*, KSA 6, p. 305.
107 KSA 3, p. 17.
108 *Ibid.*
109 *Ibid.*
110 *Ibid.*
111 Notes sur *Nous autres philologues*, 3 (25), OPC II 2, p. 264, p. KSA 8, p.22.

affirme sa volonté de parvenir, dans son travail sur Diogène Laërce, à un style concis et concentré :

> « Tu vas trouver ridicule [...] que je m'astreigne à écrire dans un style passable. Mais c'est nécessaire, après m'être négligé si longtemps. Ainsi, j'évite autant que possible l'érudition qui n'est pas nécessaire. Ce qui réclame également une grande maîtrise de soi. Car il faut éliminer maint superfluum, qui justement nous plaît fort. Un rigoureux exposé des démonstrations sur un mode facile et agréable, autant que possible sans cette morose gravité et cette érudite abondance de citations qui coûte si peu : voilà ce que je souhaite [...]. Ce qui m'est le plus pénible, c'est l'élaboration et je perds souvent patience[112]. »

Cependant, même s'il lui faut encore fournir des efforts, Nietzsche perçoit déjà ses capacités stylistiques. Il insiste sur l'importance de la concision et, pour décrire le style qu'il cherche à atteindre, il utilise l'adjectif « strict » qui caractérise le style de Salluste. Il écrit en 1876 : « mon style possède une certaine concision voluptueuse[113] ». Si la notion de volupté disparaît dans ses écrits ultérieurs, la concision reste jusque dans ses derniers écrits une caractéristique importante de son style. Elle constitue un élément de continuité qui le lie à Salluste, son mentor stylistique. C'est pourquoi le premier contact du lycéen avec l'écrivain latin, à la fin de l'année 1861, constitue un épisode primordial dans sa formation :

> « En fait, un nombre très restreint de livres antiques ont compté dans ma vie ; les plus célèbres n'en font pas partie. Mon sens du style, de l'épigramme dans le style, s'est éveillé presque immédiatement au contact de Salluste. Je n'ai pas oublié l'étonnement de mon vénéré professeur, Corssen, lorsqu'il a dû donner à son plus mauvais latiniste la meilleure note[114]. »

---

[112] Corr. 1, p. 500, KSB 2, pp. 205-206.
[113] KGW, IV, 2, p. 387.
[114] KSA 6, p. 154, RL II, p. 1024.

La découverte de Salluste, comme Nietzsche l'affirme a posteriori dans le chapitre du *Crépuscule des idoles* intitulé « Ce que je dois aux anciens[115] », est donc profondément fondatrice. Le jeune homme prend conscience de ce que sera sa propre écriture « au contact [du style de] Salluste[116] » qu'il qualifie de « gravius et nervosius[117] », c'est-à-dire de plus digne et énergique. Nietzsche affirme sa parenté avec les écrivains antiques. C'est pourquoi son objectif est que ses œuvres jouent, pour ses contemporains, le même rôle que la littérature latine a joué pour lui, de sorte que l'Allemagne moderne puisse acquérir un style véritable.

Remède à la modernité

La gravité et le sérieux du style constituent un antidote à la pseudo-culture contemporaine :

> « Le degré supérieur de culture [...] a besoin de revenir à une plus grande simplicité de sentiment, assortie d'une plus forte concentration de tous les mots [...]. L'outrance est la marque de tous les livres modernes ; et même quand ils sont écrits avec simplicité, les mots n'y sont pas moins sentis trop excentriquement[118]. »

Tout au long de sa vie, Nietzsche prône un style concis et rigoureux, seul capable d'exprimer une culture véritable. Le penseur inactuel s'affirme en tant qu'écrivain à la fois moderne et antique, qui lutte dans ses œuvres pour que puisse être réalisée une Antiquité moderne. Ainsi Salluste et également Horace représentent-ils pour Nietzsche une conception de l'écriture qui implique certes un idéal esthétique, mais qui doit également initier une transformation radicale.

La forme artistique choisie par l'individu est à l'image de la culture qu'il défend :

---

[115] Montinari, 1982, p. 128, KSA 14, pp. 454-469, p. 464.

[116] KSA 6, p. 154.

[117] BAW 2, p. 124.

[118] *Humain, trop humain I*, § 195, OPC III, p. 156, KSA 2, p. 165.

> « Ce qu'on veut, on le voit [...] concis, fort, surchargé de puissance. L'individu dans cet état transforme les choses jusqu'à ce qu'elles reflètent sa force – jusqu'à ce qu'elles soient le reflet de sa perfection. Cette nécessité de transformer en perfection c'est – l'art [119]. »

En le confrontant au style concis et puissant, le philologue détruit le style journalistique dilué. Le projet qu'il forme, au contact des auteurs latins, dès ses premiers écrits, aboutit ultérieurement au style aphoristique. Il définit son but, dans la lignée de l'*aere perennius* d'Horace[120] :

> « Créer des choses sur quoi le temps essaie en vain ses dents, tendre, par la forme et par la substance, à une petite immortalité – je n'ai jamais été assez modeste pour exiger moins de moi. L'aphorisme, la sentence, où le premier je suis passé maître parmi les Allemands, sont les formes de « l'éternité »; mon orgueil est de dire en dix phrases ce que tout autre dit en un volume[121]. »

La concision et la rigueur stylistique sont à prendre en compte dans le contexte de la réflexion sur « la sévérité accrue du monde[122] », selon laquelle le sérieux est le signe d'un degré supérieur de culture, tant sur le plan individuel qu'au niveau de l'histoire des civilisations[123]. En 1875, Nietzsche fait ainsi référence à un passage de Schopenhauer qui oppose le sérieux des Romains et le génie des Grecs :

> « À quel point l'aride sérieux des Romains tranche sur la génialité des Grecs! Schopenhauer : 'le robuste et pratique sérieux de l'existence que les Romains désignaient du nom de gravitas, présuppose que l'intellect *ne* quitte *pas* le

---

[119] KSA 6, p. 117.
[120] Horace, *Odes* III, 30.
[121] KSA 6, p. 153.
[122] *Humain, trop humain I*, § 240, KSA 2, pp. 201-202.
[123] Nietzsche développe cette idée dans *Humain, trop humain I.*

> service de la volonté, pour aller s'égarer dans ce qui ne le concerne pas'[124]. »

Toute création, affirme Nietzsche, nécessite une organisation rigoureuse :

> « Dans le génie 'l'intellect montrera les défauts qu'on ne manque pas de trouver dans tout instrument qu'on utilise à des fins pour lesquelles il n'est pas fait'. 'C'est souvent à contretemps qu'il abandonne la volonté : ainsi le génie devient-il plus ou moins inutilisable pour la vie, et son comportement fait même parfois penser à la folie'[125]. »

En ce qui concerne le style, les auteurs latins s'avèrent les meilleurs éducateurs que l'époque moderne puisse trouver.

Transferts culturels

Le transfert culturel représente l'intégration de certains éléments d'une civilisation dans une autre. Nietzsche s'intéresse à ce phénomène[126] dans le cadre de sa réflexion sur le rôle que peut jouer l'Antiquité dans le renouveau de la culture allemande. Il analyse ainsi les transferts culturels qui ont lieu entre la Grèce et Rome. Il admire la capacité guerrière de la littérature latine à s'approprier les textes grecs par la traduction et l'adaptation. La comparaison entre la culture grecque et la culture latine ne se fait plus, dès lors, sur un mode parallèle mais sur un mode diachronique. Le modèle culturel latin apparaît comme le successeur de la culture grecque. Pendant l'été et l'automne 1873, la différenciation que Nietzsche fait

---

[124] Fragm. 5 [77], OPC II 2, p. 302, KSA 8, p. 61.

[125] Fragm. 5 [79], OPC II 2, p. 302.

[126] Les transferts culturels sont proposés en études littéraires par Michel Espagne et Michael Werner depuis la fin des années 1980. La méthode des transferts culturels invite à faire de « la manière dont les cultures occidentales importent et s'assimilent des comportements, des textes, des formes, des valeurs, des modes de pensée étrangers [...] un véritable objet de recherche scientifique. » M. Espagne et M. Werner, 1987, repris dans M. Espagne et M. Werner, 1988, p. 5.

entre ces deux cultures prend une dimension heuristique, il analyse l'opinion qu'ont les Romains de la culture grecque : « Romains et Grecs : l'attitude des Romains envers la civilisation grecque. Leurs jugements sur elle[127] ». Selon Nietzsche, toute analyse de la culture grecque prend en compte le point de vue romain.

L'image que le monde moderne a de la Grèce est donc bien souvent celle qui lui est transmise par les Romains. Il s'agit d'une version latinisée. Ainsi, le caractère originel rêvé et imaginé des Grecs, qui est primordial dans la conception classique et romantique de la culture grecque, apparaît comme le résultat d'une transformation, d'un transfert culturel. Nietzsche effectue donc un déplacement du point d'origine : ce n'est plus le caractère originel d'un peuple qui sert d'indicateur de son degré de culture mais bien sa capacité à assimiler les autres cultures.

Traduire pour conquérir

Les Romains se livrent à une réelle conquête des textes étrangers, les rendant romains. Nietzsche cite, à titre d'exemple, les poètes augustéens, dont le rapport à la culture grecque est « brutal et naïf[128] ». La conception latine de la culture n'est cependant pas hostile aux autres cultures : elle les considère, bien au contraire, comme estimables, nécessaires et dignes d'appropriation. C'est grâce à elles qu'elle s'autodéfinit et s'autoréalise. L'assimilation de traditions littéraires étrangères est le reflet de la politique romaine de colonisation et d'intégration des provinces occupées. Le désir de combat, la volonté de dominer, de vaincre pour s'approprier, pour rendre romain est une caractéristique de cette civilisation.

Ce besoin de conquête, les Romains l'expriment vis à vis non seulement des cultures étrangères, mais aussi de leur propre passé. En cela, la culture latine est ancrée dans le présent, dans

[127] OPC II 1, Fragm. 29 [168], p. 429.
[128] *Le Gai savoir*, livre III, § 83, KSA 3, p. 438.

la vie : elle considère le passé de la même façon que tous les éléments étrangers. Une telle culture doit travailler sans relâche à l'actualisation de ses propres productions et de celles des autres.

Or, si les Romains « romanisent », sans aucun scrupule, tout élément étranger, c'est qu'ils font preuve, selon Nietzsche, d'une absence totale de considération historique dans le domaine spécifique de la littérature. Analyser la manière dont une culture considère la pratique de la traduction, c'est-à-dire l'appropriation, l'incorporation d'une autre civilisation, permet de juger le rapport spécifique à l'histoire qui s'exprime dans ses textes.

> « On peut estimer le degré du sens historique que possède une époque grâce à la façon dont cette époque utilise la traduction et cherche à s'incorporer les livres et les temps passés[129]. »

C'est pourquoi, dans sa seconde considération inactuelle, en complément des trois formes d'histoire qu'il développe, Nietzsche présente un schéma explicatif des trois types de traduction et de leur rapport avec la culture à laquelle ils appartiennent. Dans un premier temps, il y a le principe de la culture latine : elle est profondément attachée au présent et est dépourvue de sens historique. Ensuite vient le deuxième type qui correspond à la culture antiquaire, à une culture de la conservation. Enfin, le troisième type peut être qualifié de culture de la distance. Il est déterminé par le sens historique qui interdit toute appropriation d'une culture autre, qu'elle soit passée ou étrangère. Le premier type et le dernier type de conception de la culture sont donc radicalement opposés. Alors que la particularité du premier réside dans sa capacité de transformation qui lui permet de s'approprier, de faire siens les éléments étrangers sans prendre en compte leur altérité, la culture de la distance souffre d'un sentiment écrasant d'altérité

[129] *Ibid.*

qui l'empêche de créer sa propre unité. Le sens aigu des différences historiques rend en effet impossibles non seulement l'emprunt et l'actualisation d'éléments appartenant à une autre culture, mais encore la création de sa propre culture. Il en résulte une absence de productions propres, c'est-à-dire une distance vis à vis de la culture dans son ensemble. Cette dernière conception, selon Nietzsche, est celle de l'Allemagne du XIXe siècle : il juge que le sens historique des Allemands est « hypertrophié[130] », qu'ils n'ont « plus le courage[131] » de s'emparer d'autres cultures.

La culture latine correspond, quant à elle, au premier type. Ainsi les poètes augustéens sortent-ils sans aucun scrupule les œuvres de leur contexte pour les reformuler. Ils font revivre à la manière romaine une matière dont la vie s'est éteinte depuis longtemps. Toute tradition extérieure, tout texte dont ils s'inspirent sont policés, réactualisés, mis au goût du jour, refondus dans la réalité romaine :

> « En tant que poètes, [les Romains] négligeaient les détails personnels, les noms et tout ce qui caractérisait une cité, un rivage, un siècle, et en était le costume et le masque, pour y substituer leur propre actualité romaine[132]. »

Ils considèrent « la réalité passée ou étrangère[133] » comme « pénible[134] ».

Nietzsche remarque que, lorsqu'Horace traduit Alcée ou Archiloque, il s'évertue à l'intégrer dans l'actualité romaine. Ainsi, pour lui, « c'était conquérir que de traduire – pas seulement parce qu'on éliminait l'élément historique : on ajoutait l'allusion à l'actualité[135] ». La traduction est dans ce cas une prise de possession de l'œuvre : elle appose le sceau du

[130] OPC II 2, p. 94.
[131] KSA 3, p. 438.
[132] KSA 3, p. 439.
[133] *Ibid.*
[134] *Ibid.*
[135] *Ibid.*

présent et de la langue du conquérant sur le texte traduit. Le traducteur se sert de l'œuvre originale pour créer une œuvre romaine, son œuvre. C'est pourquoi, lorsqu'un écrivain romain met à son propre nom un texte traduit, sans mentionner l'auteur d'origine, il le fait avec « la parfaite bonne conscience de *l'Imperium Romanum*[136] ». Le contact avec les éléments étrangers « stimul[e chez les Romains] l'envie d'une conquête guerrière[137] ». C'est donc en conquérant qu'ils s'approprient « tout ce que la haute Antiquité hellénique avait d'excellent et d'élevé[138] ». La traduction permet une transmission de la culture d'une civilisation à une autre et donc la transformation de cette culture. Mais la culture latine présente une particularité : elle ne se réduit pas à la traduction d'une langue en une autre, à l'actualisation et à la romanisation de la culture grecque : le transfert qui a lieu s'effectue également d'un système de conception de la culture à un autre. La culture, telle que la pensent les Romains, se renouvelle sans relâche et elle est insouciante. Elle est une culture du présent. C'est pour cette raison que, selon J.M. Fontanier, Nietzsche est un « ardent romanophile[139] ».

La traduction apparaît donc comme une pratique culturelle à part entière[140] qui permet d'enrichir une langue : elle est hautement éducative. De même que la langue latine s'empare par la traduction des richesses de la langue grecque, les Allemands doivent utiliser le latin pour éduquer leur langue.

L'apprentissage de la langue latine, le travail sur les textes latins et leur traduction peuvent en effet, selon Nietzsche, sauver la langue allemande de son abâtardissement

---

[136] *Ibid.*

[137]. *Ibid.*

[138] KSA 3, p. 439

[139] Fontanier, 2003, p. 225.

[140] Cette idée est développée dans toute l'œuvre de Nietzsche. À l'époque bâloise, la traduction représente un moyen essentiel d'éduquer la langue allemande. Mais cette idée est également au cœur d'écrits plus tardifs tels que *le Gai savoir*.

journalistique. Il faut se servir de l'enseignement du latin pour redonner de la vigueur à l'allemand. En cela, Nietzsche est très proche de Winckelmann qui fait de l'imitation des Anciens la seule voie possible pour progresser. À une époque où l'enseignement des sciences humaines et des Lettres rejette la rhétorique au profit du paradigme herméneutique, Nietzsche souhaite inverser la tendance. Au lieu de demander aux élèves de se livrer d'abord à des interprétations des textes classiques, de leur demander de juger, avec leur peu de moyens, les grands écrivains, il estime préférable de leur faire acquérir, au préalable, le sens de la difficulté et de la beauté du style, en leur donnant des exercices stylistiques dans leur langue maternelle. Avant de pouvoir interpréter, encore faut-il savoir écrire. Il faut d'abord savoir discerner la belle forme de la barbarie pour pouvoir ensuite prétendre atteindre le style antique[141]. Le chemin vers l'Antiquité exige un travail préalable sur sa propre capacité à maîtriser sa langue maternelle. Seul le sentiment de la forme permet de partir à la recherche de ces mêmes qualités pour la langue et la culture allemandes.

L'enseignement des langues anciennes développe chez les élèves le sens de la rigueur. Apprendre le latin et le grec fait comprendre la nécessité pour une langue d'obéir à des règles. Nietzsche regrette que les établissements d'enseignement connaissent une baisse de la pratique du thème. Très présente lorsque Nietzsche était au lycée, elle diminue à partir des années 1870. Or cet exercice permet de mettre en pratique les règles strictes des langues anciennes et encourage la réflexion sur sa propre langue. La version qui le remplace ne possède pas les mêmes qualités. Il s'agit, selon ce qu'affirme Nietzsche, dans sa deuxième conférence *Sur l'avenir de nos établissements d'enseignement*, d'un exercice de style moins poussé. Il n'exige pas le même respect de la langue. Mais il permet lui aussi, malgré tout, d'apprivoiser l'allemand. Ainsi, Fritz Bornmann démontre que la version entraîne un travail sur la langue

---

[141] C'est ce que Nietzsche affirme dans sa deuxième conférence bâloise en 1872.

maternelle et l'enrichit, si toutefois le traducteur s'efforce d'imiter le style du texte à traduire. Lorsque Nietzsche est professeur, il établit une traduction de passages de la *Rhétorique* d'Aristote qui fait preuve d'un réel travail stylistique. A titre d'exemple, La comparaison entre la traduction d'un même passage de cet ouvrage par Nietzsche et par Adolf Stahr montre à quel point le style bref et sobre d'Aristote est retranscrit fidèlement par le jeune enseignant[142].

Il serait donc souhaitable, selon Nietzsche, d'utiliser dans les cours d'allemand la méthode appliquée aux cours de langues anciennes. Travailler le style grâce aux exercices de traduction pratiqués pendant les cours de langues anciennes permet d'identifier les traits caractéristiques, la particularité des moyens d'expression de la langue allemande. Une certaine distance réflective par rapport à la langue maternelle augmente la sensibilité dans ce domaine. Selon Nietzsche, les exercices stylistiques en latin et en allemand doivent s'interpénétrer, s'enrichir mutuellement, sans quoi ils restent dépourvus de tout intérêt formateur.

Éduquer son style

À la recherche de l'authenticité perdue

Nietzsche, dans le chapitre de *Ecce homo* intitulé « Pourquoi je suis si avisé », affirme que le fait d'écrire en latin, comme on l'exigeait à Pforta, lui a été particulièrement bénéfique puisqu'il a ainsi formé son propre style : « de tout ce que l'on faisait au lycée, le plus précieux était l'exercice de style latin[143] ». Ce dernier constituait « proprement un exercice d'art alors que

---

[142] Bornmann, 1994, p. 78.
[143] *Humain, trop humain I*, OPC III 1, p. 159, § 203, KSA 2, p. 169.

toutes les autres disciplines n'avaient pour but que le savoir[144] ». Dans l'« exercice d'expression[145] »,

> « l'exposition d'un sujet donné était à elle seule tout le travail du discours latin, pour lequel les vieux professeurs avaient une finesse d'oreille depuis longtemps perdue. Autrefois, qui apprenait à bien écrire dans une langue moderne le devait à cet exercice (aujourd'hui on est bien forcé de se mettre à l'école des anciens français) ; mais il y a plus : il s'y faisait une idée de la noblesse et de la difficulté de la forme et se trouvait préparé à l'art quel qu'il soit en suivant la seule voie véritable, celle de la pratique[146] ».

Pratiquer le latin permet d'améliorer son style en allemand. Pour Nietzsche, « mettre le grec à la place du latin est une autre espèce de barbarie[147] ». L'apprentissage du latin est absolument nécessaire pour parvenir à un style authentique. Le lycéen, qui fait beaucoup d'efforts pour atteindre un excellent niveau dans cette discipline, s'exerce même à « penser en latin », comme il l'affirme dans une lettre à son ami Wilhelm Pinder, à la mi-février 1859, alors qu'il est lycéen à Pforta :

> « Je note en effet, quand je n'ai rien d'autre à faire, en langue latine, ce que j'ai peut-être entendu ou lu quelque part, en m'efforçant, de penser en latin. Cela est plus facile qu'on se l'imagine[148]. »

Imitation et révélation

L'admiration de Nietzsche pour le style latin ne s'exprime pas uniquement dans le cadre scolaire et sa volonté de l'imiter s'exerce également en dehors des cours. Si le lycée participe

[144] *Ibid.*
[145] *Ibid.*
[146] *Ibid*
[147] Notes sur *Humain, trop humain I,* Mp XIV 1, 6, OPC III 1, p. 566.
[148] KSB 1, lettre 55, p. 48

certes activement à l'enrichissement des connaissances du jeune homme en matière de littérature latine, ce dernier ne prolonge dans la solitude son dialogue avec les auteurs latins que par affinité personnelle et parce que tel est son souhait. Le lycéen parfait son éducation par lui-même, comme l'illustre un épisode révélateur évoqué dans son autobiographie, *Ecce Homo.* Dans sa chambre d'internat, à Pforta, il passe en effet toute une nuit à imiter le style de Salluste. En latin, la veille studieuse, les nuits blanches que passent les austères savants à poursuivre jusqu'au matin leurs travaux d'érudition ébauchés pendant le jour, se nomment *lucubratio*. Cependant, dans le cas du lycéen, cette *lucubratio* n'a pas pour but de rédiger une monographie érudite mais d'avoir un contact privilégié avec Salluste. C'est une nuit consacrée à l'étude, en compagnie de l'ombre tutélaire de l'historien, car c'est bien à Salluste que le jeune homme confie son éducation stylistique, et le penseur souligne, en le répétant[149] jusque dans ses œuvres tardives, l'importance qu'a jouée le style de l'écrivain latin dans sa formation.

Le jeune homme recherche en effet la plus grande intimité possible avec les auteurs pour utiliser leur style, s'en inspirer et le faire sien, afin d'améliorer sa propre écriture :

> « Il m'arrivait souvent, lorsque j'étais élève à la vénérable école de Pforta, de rédiger et de recopier en une seule veillée ma dissertation latine – avec l'ambition de faire aussi strict, aussi concis que Salluste, mon modèle [...][150]. »

L'expérience de la *lucubratio* est rapportée ultérieurement par Nietzsche comme un élément fondateur et formateur grâce auquel, progressivement, il parvient à se révéler à lui-même stylistiquement. Il affirme en effet avoir découvert, pendant cette soirée, grâce à Salluste, l'épigramme en tant que style. Or Salluste n'est pas réputé pour son style épigrammatique. Cette

---

[149] Nietzsche utilise, à deux reprises dans ce passage, les adjectifs « strict » et « concis » qui qualifient le style de Salluste.

[150] *Ecce homo*, Pourquoi je suis si avisé, 1, KSA 6, p. 280.

forme d'expression est en revanche privilégiée par Nietzsche dans les années qui suivent la rencontre avec l'historien latin. Il rédige par exemple, dans ses cahiers de l'automne 1862, des épigrammes à propos d'Auguste, de Mécène, de Claudius Caligula, d'Andromaque, de Cassandre et d'Antigone. L'imitation de Salluste est donc un moyen pour Nietzsche de découvrir et d'affirmer son propre style.

En effet, si Salluste est pour Nietzsche un éducateur, c'est-à-dire un modèle qui lui permet d'exercer son style et de former sa personnalité, il ne peut jouer ce rôle pour le lycéen que parce qu'il possède les qualités que le jeune homme ressent être les siennes propres. Nietzsche est un fervent défenseur de la théorie selon laquelle les potentialités de chacun sont présentes initialement dans l'individu et doivent se développer au cours de sa vie. Salluste permet au jeune homme de réaliser ses qualités innées dans le domaine stylistique. Il est son miroir. C'est dans l'observation et dans l'imitation de Salluste que Nietzsche parvient à la reconnaissance, à la prise de conscience de lui-même. L'auteur latin permet au lycéen de prendre la distance nécessaire pour pouvoir parvenir à une réelle réflexion sur son propre style et sa personnalité. En s'observant dans l'image qu'il projette sur Salluste, le jeune homme se révèle à lui-même. Dans l'autobiographie rétrospective de Nietzsche, Salluste apparaît comme un double du lycéen. Il s'inscrit dans la conception que le penseur se fait d'une éducation individuelle, dans laquelle l'introspection permet à l'individu de se découvrir et de se développer pour devenir celui qu'il est. Salluste ne constitue pas un élément extérieur puisqu'en lui Nietzsche se reconnaît lui-même.

L'auteur latin constitue donc d'une part un guide à suivre, un modèle stylistique à imiter et offre d'autre part au lycéen un miroir pour qu'il puisse, par le travail, se développer conformément à sa nature.

C'est bien en effet la valeur accordée au travail qui est soulignée par le genre latin de la *lucubratio*. Ce motif performatif employé par les écrivains latins met en avant le sérieux de l'entreprise. Pour devenir qui il est, le jeune homme doit se pencher sur son texte, jusque dans les heures les plus avancées de la nuit : dans la pratique même de la *lucubratio* et dans le récit qu'il en fait, Nietzsche imite déjà les écrivains latins. Il y a un effet de dédoublement supplémentaire qui fait de cette scène d'imitation nocturne de Salluste l'imitation de scènes relatées dans la littérature latine. Il en résulte une mise en abîme.

Comme Nietzsche, les écrivains latins utilisent le motif de la *lucubratio* pour prouver leur assiduité au travail et pour mettre en valeur l'œuvre produite. Cependant, dans le cas de Nietzsche, il ne s'agit pas de valoriser les textes écrits pendant cette soirée : ils ne sont même pas précisés. C'est plutôt l'ensemble de sa production, et plus particulièrement l'œuvre dans laquelle il relate cet épisode, à savoir *Ecce homo*, qui s'en trouve mis en avant. Il est fréquent que les auteurs latins, en particulier pendant l'Empire, évoquent, dans la *praefatio,* l'introduction, une scène de *lucubratio*. C'est déjà le cas dans les œuvres de Cicéron et le procédé devient célèbre dans les ouvrages de Sénèque, d'Aulu-Gelle ou de Pline[151]. Le but de la *lucubratio* est de s'entretenir avec le lecteur, de faire valoir l'œuvre rédigée en insistant sur le sérieux de la tâche ainsi accomplie. Les efforts fournis jusque tard dans la nuit soulignent la valeur de l'écrit et de l'écrivain. Dans l'œuvre elle-même, l'auteur met en avant sa *diligentia,* son zèle, le soin scrupuleux qui exprime sa concentration. Enfin, le fait que la rédaction ait lieu pendant l'*otium*, le temps libre, et non pendant le *negotium,* les heures de travail, montre l'importance qu'elle a pour l'écrivain. Nietzsche met ainsi en avant, grâce à la *lucubratio*, le sérieux qui le caractérise alors qu'il est lycéen.

Une des sources qui servent de référence au texte de Nietzsche peut permettre de comprendre le lien entre l'effort, l'application qu'exige l'exercice de la copie et la formation du

[151] Ker, 2004, p. 213.

style : il s'agit de Quintilien. Ce dernier souligne l'importance du travail, y compris machinal, dans la formation de l'individu. Le thème de la *lucubratio* est abordé par l'auteur latin dans le chapitre intitulé « Sur l'écriture[152] » de son *De institutione oratoria*[153]. Nietzsche a connaissance de cet ouvrage qu'il emprunte, dans l'édition de Georg Ludwig Spalding[154], le 7 mai 1870, puis, dans l'édition de Halm, le 11 février 1871[155], à la bibliothèque universitaire de Bâle. Le professeur de philologie classique aborde l'auteur latin dans son cours sur la « représentation de la rhétorique antique » en 1874. Il est intéressant d'étudier la relation intertextuelle qui existe entre l'ouvrage de Quintilien et le passage d'*Ecce homo* puisque les deux écrivains y dépeignent une scène de *lucubratio*. Dans *De Insititutione oratoria*, le travail nocturne est évoqué dans le cadre d'une réflexion sur le sérieux nécessaire dans la pratique de la rédaction. Quintilien y accorde une place importante au *stilus*, décrivant l'évolution sémantique de ce mot qui représente le stylet utilisé pour graver sur les tablettes et qui signifie également le style au sens moderne du terme. L'exercice de l'écriture et le style qui en résulte y apparaissent donc comme intimement liés :

> « Quand [l'élève] aura commencé de suivre les tracés des lettres, il ne sera pas inutile qu'ils soient gravés le mieux possible sur une tablette, afin que son style soit conduit par eux comme par des sillons. Ainsi, [...] il aura plus vite et plus souvent les doigts sûrs, et n'aura pas besoin du secours de la main du maître posée sur sa main. Bien que ce soit d'ordinaire presque négligé par les gens de bonne famille, ce n'est pas à autrui de s'occuper d'écrire vite et bien : c'est essentiel pour les études, et ne s'y prépare vraiment que celui qui part du sol qu'est l'écriture personnelle, et y

[152] Quintilien, livre X, chap. 3, § 6, vol. 6, 1979.
[153] Ce titre est souvent traduit par *De l'institution oratoire* au sens humaniste, c'est-à-dire de la formation de l'orateur.
[154] Quintilian, 1789.
[155] Crescenzi, 1994.

plonge de profondes racines. Une écriture trop lente retarde la réflexion[156]. »

Ces propos de Quintilien doivent être bien évidemment compris dans le contexte de la civilisation romaine qui est avant tout une civilisation de la parole. L'écriture y est encore assez peu répandue. Elle est difficile et manque souvent d'aisance. Ainsi les pères du sénat sont-ils des orateurs qui, s'ils lisent leurs discours avec beaucoup de virtuosité, sont pour la plupart contraints de les dicter car ils ne possèdent pas l'aisance nécessaire à la pratique d'une écriture lisible. Leur force réside bien plus dans la diction.

Il n'en reste pas moins que la pratique de l'écriture et l'apprentissage du style se succèdent chronologiquement pour le pédagogue comme pour le rhéteur. L'écriture apparaît comme une pratique manuelle autant qu'intellectuelle. Quant à la rédaction, elle constitue un entraînement essentiel, à la fois pour acquérir un bon style et pour développer des idées intéressantes et ce n'est que grâce à la *constantia*, la persévérance, que l'écrivain peut récolter les fruits de son labeur et éviter la superficialité du propos. L'exercice de l'écriture, manuel, machinal, joue un rôle dans la formation de l'écrivain. Ainsi, l'imitation de l'écriture de Salluste, les heures passées à s'exercer à la rédaction sont le seul moyen, pour Nietzsche, de parvenir à une pratique assurée qui lui permettra ultérieurement de construire, sur des fondations solides, ses propres pensées et son propre style.

L'autoreprésentation de Nietzsche et de ses exercices de style précoces, dans *Ecce homo*, apparaît, dans son intertextualité avec l'œuvre de Quintilien, comme une affirmation de la valeur fondamentale de la formation stylistique. L'imitation, la création et l'affirmation du style du jeune homme sont représentées comme les fondations de la transvaluation imminente. Les exercices stylistiques constituent une activité propédeutique, présentée dans *Ecce homo* comme

---

[156] Quintilien, t.1, livre I, 1975.

une préparation nécessaire à la réalisation du destin du penseur. C'est au moyen de ces exercices que Nietzsche se révèle en tant que styliste.

De même, Quintilien, avant de thématiser le travail nocturne, traite, dans le chapitre intitulé « Comment [...] il faut écrire », la question du style[157] : le travail du texte est essentiel, il faut écrire lentement, précisément, en pesant ses mots. Il est nécessaire de porter une attention toute particulière à la composition ainsi qu'au rythme. Il faut créer des transitions et préserver la fluidité du cours des idées. Il faut toujours remettre en question ses pensées, revenir sur son style. La relecture de ce qui vient d'être écrit est essentielle :

> « Nous aimons toutes nos pensées lorsqu'elles naissent, sans quoi nous ne les écririons pas. Mais nous devons avoir recours à notre jugement et modifier le fruit né de la facilité, qui doit toujours être considéré avec suspicion[158]. »

Ce passage sur le remaniement nécessaire des textes et sur le refus de la facilité en matière de rédaction est très proche de la valeur qu'accorde Nietzsche au style comme élément formateur. Cette similitude est illustrée par le fait que *De l'Institution oratoire* et *Ecce homo* prennent le même écrivain comme exemple. Salluste constitue aussi pour Quintilien le modèle du travail sur le texte : « Nous avons appris que Salluste écrivait de cette façon et son travail est en effet visible dans ses œuvres[159] ». Ce travail, c'est la pratique régulière et assidue de l'écriture ainsi que la relecture et le remaniement de son propre texte. Parmi les exemples d'auteurs que cite Quintilien, dans son étude du style écrit, vient ensuite Virgile, qui n'écrit que peu de pages par jour. Ecrire et reprendre sa production ou bien se concentrer sur peu de lignes constituent l'alternative

[157] Quintilien, livre X, chap. 3, § 6, vol. 6, 1979.
[158] Quintilien, livre X, chap. 3, § 7, vol. 6, 1979
[159] *Id.*, § 8.

proposée par Quintilien pour parfaire le style. Nietzsche est donc le disciple de Salluste, non seulement en ce qui concerne l'aspect textuel, mais également par sa méthode de travail. Pendant de longues heures, en retravaillant ses propres textes, il imite le style de l'historien dont les auteurs latins eux-mêmes, comme c'est le cas de Quintilien, vantent le travail sur le texte. Nietzsche se plie donc au même exercice que son maître, et procède de la même façon que lui. Il ne se contente pas d'imiter son style, c'est le maître lui-même qu'il imite jusque dans sa pratique. Par l'effet de miroir, l'imitation est poussée jusqu'à ses limites créant, là encore, une mise en abîme.

Enfin, le travail nocturne apparaît dans l'œuvre de Quintilien et dans celle de Nietzsche comme la situation par excellence dans laquelle les circonstances favorables à une bonne pratique de l'écriture sont réunies. L'absence de distractions, la chambre close, la solitude, le calme de la nuit et la lueur d'une unique lampe permettent de concentrer toute l'attention sur la seule pratique de l'écriture. La *lucubratio* offre *silentium*, *secessus* et *liber animus*, le silence, l'isolement et la liberté d'esprit.

La scène de travail nocturne et le style de Salluste sont donc à la fois au cœur de l'ouvrage d'éducation rhétorique de Quintilien et de l'autoreprésentation de Nietzsche. L'analyse comparative du traitement de ces deux motifs, dans les représentations qu'en donnent les deux auteurs, permet d'en discerner les éléments caractéristiques. Pour Quintilien, la *lucubratio* représente le cadre idéal pour se livrer à l'écriture et la pratique de Salluste est l'exemple même du travail indispensable sur le style. Nietzsche réunit ces deux éléments, apparaissant ainsi comme un élève modèle qui suit à la lettre les enseignements de Quintilien. La *lucubratio* et l'imitation de Salluste soulignent la rigueur et le sérieux avec lesquels il perfectionne son style.

Ces deux éléments jouent un rôle crucial dans la construction de Nietzsche en tant qu'écrivain et que penseur. D'une part, la nécessité de cette pratique ne devient évidente que dans son contexte intertextuel : le lecteur doit être attentif aux références à Quintilien, voilées mais cependant lisibles, que fait Nietzsche. En effet, sans la compréhension de ces références à l'auteur latin, selon lequel la copie et l'imitation permettent le travail sur le texte, l'exercice perd son sens et semble superficiel. D'autre part, il est important de prendre en compte le fait que Salluste lui-même, en tant que moraliste, est un adversaire acharné de la modernité, de son époque et du déclin des mœurs qui la caractérise. La rigueur et la précision du style classique que Nietzsche acquiert grâce à l'historien latin sont donc, de plus, le remède contre la sentimentalité moderne.

À travers sa formation stylistique, Nietzsche illustre son lien avec les auteurs latins. Cette affinité élective lui permet de former son style et sa pensée. Au contact du style antique, Nietzsche devient celui qu'il est.

Cependant l'imitation est un procédé complexe dont Nietzsche analyse un autre aspect dans ses *Contributions à l'étude des sources et à la critique de Laërce Diogène*, qu'il présente le 3 mai 1870, à l'occasion de l'hommage rendu par le *Pädagogium* de Bâle au Professeur Gerlach qui fête ses cinquante ans d'activité. Ce texte permet de comprendre comment, grâce à l'imitation, Nietzsche peut se laisser deviner tout en se dissimulant. Diogène est en effet à l'origine d'une réflexion sur l'utilisation de la copie et Nietzsche, dans cette étude, présente ce procédé comme un moyen pour l'écrivain de voiler ses opinions personnelles :

> « Chez un écrivain qui, comme Diogène Laërce, copie tant et avec une telle déraison, il faut être doublement prudent lorsqu'il s'agit de déduire de son œuvre des relations personnelles, des opinions, des attirances ou des aversions ; car il arrive bien trop facilement qu'on lui attribue quelque chose qu'il s'est contenté, bercé par sa pratique habituelle de copiste, d'adopter de l'ouvrage qui se tient devant lui et qu'il utilise[160]. »

[160] KGW II 1, p. 193.

Le procédé de la copie crée donc des doutes sur l'identité de l'auteur. La même incertitude existe dans la scène du travail nocturne. Le jeune Nietzsche y imite en effet le style d'un autre écrivain, celui de Salluste. Il y a donc un dédoublement de l'instance auctoriale. L'imitation rend Nietzsche et Salluste difficilement dissociables dans le texte. Elle permet au jeune homme de rester voilé, caché, tout en prétendant se révéler.

De plus, le narrateur d'*Ecce homo* décrit le lycéen comme étant, lors de cette expérience, la révélation de ce qu'il va devenir. Les deux niveaux temporels, celui de l'écriture présente et celui de l'écriture passée se définissent et se conditionnent l'un l'autre. La « stratégie autobiographique[161] » de Nietzsche apparaît dans l'évocation de la *lucubratio*, explicitant comment la situation présente en 1888 a pu être atteinte. La mise en scène organise les éléments biographiques dans une suite cohérente. Dans son autobiographie tardive, Nietzsche utilise l'autoréférentialité pour permettre une mise à distance de ses propres travaux et pour créer ainsi un double fond autobiographique, une dimension réflexive sur sa propre pensée. Par la multiplication des figures auctoriales dans le texte, Nietzsche peut donc dissimuler ce qu'il prétend expliquer, à savoir le style et la personnalité du penseur. L'analyse du texte de 1870, dans lequel Nietzsche présente l'utilisation de la copie par Diogène Laërce comme un voile empêchant de cerner la personnalité de l'écrivain latin, sert en effet d'indice pour l'interprétation du passage de la *lucubratio* dans *Ecce homo*. La qualité de copiste de Diogène Laërce rend difficile l'authentification de ses textes. Dans la mesure où Nietzsche se présente comme un imitateur, la même prudence est de rigueur. C'est du moins la piste de lecture qu'offre l'intertextualité. Le jeu de références croisées oblige à un regard critique, prône une lecture incertaine et implique un rapport distancié aux affirmations de l'œuvre.

---

[161] Langer, 2005, pp. 101-176.

Le passage d'*Ecce homo*, en faisant implicitement référence au texte de 1870, instaure un dialogue entre les conceptions moderne et antique du style en tant que révélateur de la personnalité. En prétendant affirmer l'adéquation de la formation du style et de la personnalité, Nietzsche remet paradoxalement en question cette conception. L'intertextualité permet de déceler l'ironie du rapport que Nietzsche entretient avec son autoreprésentation. Le lecteur, pour ne pas se laisser induire en erreur, doit être conscient de la prise de distance nécessaire par rapport à la représentation qu'un auteur offre de lui-même à travers son style, d'autant plus s'il s'affirme comme copiste.

Les *Contributions à l'étude des sources et à la critique de Laërce Diogène* rendent nécessaire une réflexion plus approfondie sur la signification de l'imitation : dans le récit de son travail nocturne, Nietzsche affirme copier ce qu'il a lui-même écrit, tout en cherchant à imiter au plus près le style de Salluste. Ces procédés de transcription font donc disparaître Nietzsche sous deux voiles simultanés. De plus, l'écrivain Nietzsche ne se contente pas de copier ce qu'il a écrit pendant la *lucubratio*, il rapporte également cet exercice de copie juvénile dans son autobiographie. Il se raconte lui-même à travers cette scène, la mettant par là même en relation directe avec son parcours de formation et avec le développement de sa personnalité. Tout cela, Nietzsche le livre dans l'ouvrage qu'il présente en ces termes dans une lettre à Georg Brandes datée du 20 novembre 1888 : « Je me suis raconté avec un cynisme qui deviendra de renommée mondiale : le livre s'appelle *Ecce homo*[162] ». Le passage de la *lucubratio* met en évidence l'ironie nietzschéenne qui fait naître l'incertitude du lecteur face à la représentation qu'offre Nietzsche de lui-même.

La *lucubratio,* qui constitue traditionnellement un moyen de mettre en valeur l'authenticité du texte alors produit et de renforcer la crédibilité de l'écrivain, incite donc au contraire le

162 KSB 8, p. 482.

lecteur à faire preuve d'incrédulité devant son évocation dans *Ecce homo*. Les techniques de composition et de construction de lui-même que Nietzsche utilise reposent sur un réseau de références. Or, si l'intertextualité crée une distance critique par rapport à la représentation que Nietzsche donne de lui-même, elle le révèle également en partie. Le style de Nietzsche, qui se caractérise par l'utilisation de nombreuses références littéraires à l'Antiquité, ne se contente pas de dissimuler le jeune homme et l'écrivain. Il donne également de précieux renseignements sur ce qui fait la spécificité même de son écriture, de son rapport à l'écrit et aux écrits. Dans l'usage de l'ironie, c'est le regard distancié de Nietzsche sur lui-même qui est donné à voir. Ainsi, cette évocation rétrospective de la *lucubratio* permet de représenter avec ironie la personnalité « cyni[qu]e[163] » du penseur : Nietzsche, en affirmant et en niant tout à la fois qu'il se révèle, laisse coexister deux interprétations liées de façon dialectique.

Enfin, à la complexité de ces jeux de voiles, s'ajoute le cadre nocturne dans lequel la *lucubratio* se déroule, donnant à cette expérience encore une autre dimension.

En effet, dans la Rome antique, la *lucubratio*, a une double signification. La nuit n'est pas réservée qu'aux honnêtes gens qui en profitent pour avancer leurs travaux érudits, pour vaquer aux affaires de la famille ou de l'État. Elle est également le théâtre de méfaits divers. Elle constitue le moment de prédilection pour les révolutionnaires mais aussi pour les traîtres, les voleurs et les criminels[164]. Ainsi, l'ambivalence de la scène nocturne est soulignée par l'avertissement de Quintilien qui insiste sur l'importance du respect des limites corporelles, sur la nécessité d'éviter la dégradation du sommeil, et qui déconseille vivement la consommation d'alcool. La nuit est dangereuse. Elle est le lieu de tous les excès. Dans ce cadre, Nietzsche apparaît lui-même comme un personnage ambigu

[163] KSB 8, p. 482.
[164] Ker, 2004, p. 219.

dont le programme d'action peut être interprété à la fois comme une libération et comme une trahison. Ainsi, l'écrivain se montre comme un combattant, comme Jules César, figure à laquelle il fait référence à de nombreuses reprises[165], qui se hâte vers la bataille décisive. Déjà dans ses *Considérations inactuelles*, il est question d'« attaque[s][166] » guerrières. L'éducation stylistique de Nietzsche, dans ce cadre nocturne, souligne le rôle de réformateur que vont jouer ses écrits :

> « En ce qui concerne les conséquences, je regarde désormais ma main avec quelque méfiance, car j'ai l'impression que j'ai le destin de l'humanité 'dans ma main'[167]. »

C'est l'écriture qui permet de partir en « campagne[168] » contre l'institution d'éducation, contre la pseudo-culture moderne, et contre la morale dans son ensemble. Dans *Ecce homo*, c'est le chemin qui mène à cette guerre, au niveau aussi bien des contenus que du style, qui est au cœur de la réflexion. Le récit de la *lucubratio* souligne le caractère subversif de l'écriture.

Le style de Nietzsche avec ses références implicites à l'Antiquité est celui d'un penseur philologue pour qui l'imitation et l'intégration d'éléments étrangers permettent d'enrichir sa propre culture, tout en préservant une distance critique à leur égard. C'est cette même distance critique que Nietzsche cherche à éveiller chez son lecteur en utilisant les références intertextuelles comme autant de voiles qui le dissimulent. Sous les masques, Nietzsche révèle son rapport au lecteur. Il cherche à l'éduquer. Il l'encourage à une lecture avisée et critique de ses textes. La représentation de la

---

[165] *Crépuscule des idoles*, § 38 et § 45.
[166] KGW 6, p. 316.
[167] Lettre à Köselitz, datée du 30 octobre 1888.
[168] Nietzsche emploie cette expression dans *Aurore* au sujet de la lutte contre la morale.

performance de l'écriture dans un cadre totalement privé est mise au service de la communication publique. Il ne s'agit pas seulement d'offrir le texte au lecteur : la scène privée de l'écriture lui est aussi destinée. Elle n'obtient sa signification que dans sa publication, en permettant l'authentification du texte dans le texte. Cet aspect métapoétique fait du texte écrit à Pforta l'objet du texte ultérieur. Par l'utilisation de la mise en abîme, Nietzsche donne à voir le texte de sa jeunesse au moyen de son évocation dans un texte postérieur. Il joue avec cette tension entre public et privé. À travers cette représentation de lui-même, destinée à la publication, Nietzsche se met en scène à la fois en tant qu'individu retiré, solitaire depuis son plus jeune âge, qui s'isole pour travailler son style, et en tant que penseur faisant ses armes pour l'avenir et pour son destin. Par cette construction de lui-même, grâce à l'Antiquité, Nietzsche personnifie sa conception du renouvellement culturel.

Cependant, dans *Ecce homo*, Nietzsche « [s]e raconte [s]a vie[169] » avant tout à lui-même. Il est en effet alors inconnu du public. Il écrit pour des lecteurs qui n'existent pas encore : « Ecoutez-moi ! Car je suis un tel. Et n'allez surtout pas me confondre[170] ». Il prévient toute méprise en permettant une connaissance de lui-même qui est également une barrière contre les lecteurs qu'il ne juge pas dignes de son œuvre. C'est ce rôle de filtre que jouent les références aux auteurs latins et à la langue latine. Par ce procédé, Nietzsche cherche donc à transmettre à un lecteur qui lui ressemble l'éducation au style qu'il a lui-même reçue.

Par sa rigueur et sa précision, le latin représente, pour Nietzsche, la langue par excellence. La pratique intensive du latin pendant sa formation, son admiration du style des auteurs latins dont il s'inspire pour créer son style propre, ainsi que son plaidoyer en faveur de l'apprentissage des langues anciennes témoignent de sa conviction que le latin doit jouer un rôle

[169] KSA 6, p. 263.
[170] *Id.*, p. 257.

essentiel dans le renouveau de la langue allemande. Nietzsche respecte et aime profondément la langue latine dont il préfère l'usage à celui du grec. En ce qui concerne la langue et le style latin, Nietzsche est bien « romanophile » C'est en partie ce qui le pousse à signer une de ses dernières lettres, fin 1888, « Nietzsche Caesar ».

La culture grecque comme idéal formateur

Pour l'enseignement du grec

Nietzsche, qui porte tant d'attention à la langue latine lorsqu'il est au lycée, s'oriente en fait vers les études grecques et travaille, en tant que philologue, principalement sur des auteurs grecs. Il publie pendant ses années d'études, de 1867 à 1869, dans le *Rheinisches Museum für Philologie,* des écrits portant sur Théognis de Mégare[171], Simonide[172] et Diogène Laërce[173], même s'il est vrai que ce dernier travail est rédigé en langue latine, confirmant l'affinité particulière de Nietzsche pour cette langue. Puis, en tant que professeur de philologie classique, il publie sur Homère et Hésiode[174] et intitule la version publiée de son discours inaugural *Homère et la philologie classique.* Quant à ses cours, ils portent eux aussi essentiellement sur des auteurs grecs.

Ses leçons sur la langue latine ou sur des textes latins sont donc très rares et ne semblent pas lui tenir particulièrement à cœur. C'est pourquoi, à l'université, il donne des cours sur un sujet concernant les études latines uniquement lorsque des étudiants ou l'administration en font explicitement la demande. Dans une lettre à son ami Rohde, datée du 11 novembre 1869, il raconte à quel point il lui est désagréable de faire le cours de grammaire latine que lui demandent ses étudiants. Cette activité manque pour lui profondément d'intérêt. Le cours a pourtant bien lieu pendant le semestre d'hiver 1869-1870, mais il reste

---

[171] *Zur Geschichte der Theognideischen Spruchsammlung.* In : *Rheinisches Museum für Philologie* 22, 161-200. Il écrira également une recension sur *Theognidis Elegiae.* E codicibus Mutinensi, Veneto 522 Vaticano 915, éd. Christophorus Ziegler, Tübingen, Laupp, 1868. In : *Literarisches Centralblatt für Deutschland,* Leipzig 6, 30.01.1869.

[172] *Beiträge zur Kritik der griechischen Lyriker I, Der Danae Klage [Simonides].* In : *Rheinisches Museum für Philologie* 23, 480-489

[173] *De Laertii Diogenis fontibus 1-2.* In : *Rheinisches Museum für Philologie* 23, 632-653 et *De Laertii Diogenis fontibus 3-6.* In : *Rheinisches Museum für Philologie* 24, 181-228.

[174] *Der Florentinische Tractat über Homer und Hesiod, ihr Geschlecht und ihren Wettkampf, 1-2.* In : *Rheinisches Museum für Philologie* 25, 528-540.

une exception. Le jeune professeur donne également, pendant le semestre d'hiver 1871-1872, une leçon d'introduction à l'épigraphie latine, qu'il relate dans une lettre à Krug du 13 novembre 1871, et il consacre un de ses cours à un auteur latin : il s'agit d'une explication des *Academia* de Cicéron. Les cours de Nietzsche sur des sujets latins sont donc exceptionnels. Sa préférence pour l'enseignement grec est sans équivoque. La raison en est la réflexion du penseur philologue sur ce qui fait le propre de la culture grecque par rapport à la culture latine.

Le choix de l'enseignant, qui déclare en 1872 dans ses conférences *Sur l'avenir de nos établissements d'enseignement*, que le latin et le grec sont de valeur égale et que l'enseignement de ces deux langues anciennes permet de lutter contre la barbarie de la culture contemporaine allemande, montre qu'il attribue néanmoins un rôle tout particulier à la culture grecque.

Si Nietzsche possède un goût prononcé pour la langue latine, la culture grecque est, à ses yeux, plus apte à éduquer les jeunes gens, et il lui attribue plus de valeur qu'à la culture latine :

> « Les Grecs sont intéressants, follement importants, parce qu'ils ont cette foule de grands individus. Comment était-ce possible ? C'est ce que l'on doit étudier[175]. »

En tant que philologue et penseur critique des cultures, Nietzsche analyse les différences qui existent entre les deux civilisations de l'Antiquité. Dès 1870, il les prend comme exemple pour expliquer les mécanismes à l'œuvre dans toute civilisation. Il les problématise et les place au centre d'un système bipartite visant à établir un modèle explicatif des cultures et de leur possible transformation. Il s'agit de constituer une typologie des cultures pour pouvoir analyser, à l'aide des modèles antiques, les civilisations modernes. Ainsi, dans *La Naissance de la tragédie*, Nietzsche cherche à définir en quoi consistent les différences fondamentales qui opposent la

---

[175] Fragm. 5 [14], printemps-été 1875, OPC II 2, p. 284.

Grèce et la Rome antiques. Il affirme, en 1872, que l'Antiquité grecque est « la vraie et seule patrie de la culture[176] ». Il lui faut donc analyser les qualités qui, en la différenciant de l'Antiquité latine, en font « le pays de notre désir[177] ». Alors que la Rome antique est une puissance principalement politique et militaire, la Grèce est une puissance éminemment culturelle.

Rome antique et Allemagne impériale

De l'inconvénient de l'histoire

Dans les travaux préliminaires à la rédaction de la considération inactuelle, *Nous autres philologues*, qui reste inachevée, Nietzsche affirme vouloir « étudier le contraste entre les Grecs et les Romains[178] ». Rome et la Grèce représentent bien deux modèles de civilisations différents que le penseur oppose dans *La Naissance de la tragédie*. Il souhaite que l'Allemagne puisse prendre pour modèle ces « guides de lumière[179] » que sont les Grecs : il affirme que c'est dans la Grèce, « et en elle seule, que réside tout l'espoir (...) d'un renouveau et d'une purification de l'esprit allemand[180] ».

Or, si l'Allemagne doit s'inspirer de l'exemple de la Grèce, c'est, à l'époque de Nietzsche, à la Rome impériale qu'elle ressemble le plus.

Dans *De l'utilité et des inconvénients de l'histoire pour la vie*, Nietzsche montre le rapport qui existe entre l'Allemagne de son époque et la Rome antique. Ces deux civilisations ont, selon lui, des cultures très proches puisqu'elles souffrent du même mal, à savoir d'un rapport à l'histoire qui est déséquilibré,

---

176 OPC I 2, p. 109.
177 *Ibid.*
178 Notes pour *Nous autres philologues,* [74], OPC II 2, p. 277.
179 OPC I 1, p. 148.
180 *Id.*, p. 134.

excessif, « nuisible et dangereux[181] ». Leur sens analytique historique surdéveloppé anéantit leurs instincts vitaux et les paralyse.

Le rapport d'une culture à l'histoire, comme Nietzsche l'explique dans sa deuxième considération inactuelle, constitue un outil qui permet d'évaluer les cultures. En effet, la conception de l'histoire varie selon le type de civilisation et de culture dans laquelle elle se développe. Ainsi, le philologue expose, dans une perspective typologique, les trois façons de concevoir l'histoire, qui ont des fonctions spécifiques au sein des civilisations. Alors que, quelques années plus tard, en 1882, il appréhende ce schéma de façon chronologique pour définir l'ordre des civilisations dans le temps, en 1874, il considère que ces trois façons de concevoir l'histoire possèdent toutes des inconvénients, mais aussi des avantages :

> « La vie a besoin du service de l'histoire. Celle-ci intéresse l'être vivant sous trois rapports : dans la mesure où il agit et poursuit un but, dans la mesure où il conserve et vénère ce qui a été, dans la mesure où il souffre et a besoin de délivrance. A ces trois rapports correspondent trois formes d'histoire, pour autant qu'il est permis de distinguer entre une histoire monumentale, une histoire traditionaliste et une histoire critique[182]. »

La constante est que l'histoire ne doit, en aucun cas, être l'objet d'une connaissance centrée sur elle-même. Son but doit toujours être de servir la vie. Les différentes formes d'histoire reflètent les besoins et les qualités de la culture qui les développe, et permettent aux civilisations de progresser sur la voie de la vitalité :

> « Tout peuple a besoin, selon ses buts, ses forces, ses manques, de posséder une certaine connaissance du passé, tantôt sous forme d'histoire monumentale, tantôt sous

[181] OPC II 1, p. 121.
[182] *Id.*, p. 103.

forme d'histoire traditionaliste, tantôt sous forme d'histoire critique. Mais ce besoin d'histoire n'est pas celui d'une nuée de purs penseurs qui ne font qu'assister en spectateurs à la vie, ni celui d'individus qui ne connaissent d'autre soif et d'autre satisfaction que le savoir, d'autre but que l'augmentation des connaissances ; il est au contraire toujours orienté vers la vie, et se trouve donc toujours dominé et dirigé par celle-ci[183]. »

Or c'est justement par rapport à la soumission de l'histoire aux besoins de la vie que Nietzsche évoque le cas de la Rome impériale et de l'Allemagne wilhelminienne. Ce qui rapproche l'Empire romain et l'Allemagne moderne, c'est en effet l'« excès d'histoire » qui les caractérise et qui, dans la mesure où il « affaiblit la personnalité[184] » est contraire à la vie :

« L'homme moderne souffre d'un affaiblissement de la personnalité. Le Romain de l'époque impériale perdit sa fibre romaine en voyant la terre entière sous ses ordres, il se perdit lui-même dans le flot des nouveaux arrivants et dégénéra dans ce carnaval cosmopolite des dieux, des coutumes et des arts : il n'en ira pas autrement de l'homme moderne, auquel ses artistes historiens présentent le festival permanent d'une exposition universelle[185]. »

La conséquence de cet « excès historique[186] » est l'incapacité de créer. La culture de l'Empire romain et celle de l'Allemagne moderne, étouffées par l'analyse et le sens critique, souffrent, selon Nietzsche, d'un manque artistique. Elles sont incapables de laisser s'exprimer leurs instincts de façon à créer un art authentique. Or c'est l'art qui constitue le médium par lequel la vie peut apparaître et s'exprimer à travers le tragique qui la caractérise. C'est l'art qui permet à la vie de se matérialiser sans passer par une conceptualisation. En revanche, l'optimisme

[183] OPC II 1, p. 114.
[184] *Id.*, p. 221.
[185] *Id.*, p. 222.
[186] *Id.*, p. 221.

propre à la science et au concept ne donne de la vie qu'une vision lénifiante. Il est la cause de la faiblesse de l'art dans la Rome antique et en Allemagne. Le sens hypertrophié de l'histoire a rendu l'art exsangue :

> « Il paraît presque impossible de créer un son fort et plein, si violemment qu'on frappe les cordes : la note s'éteint immédiatement, et l'instant d'après, l'on n'entend plus que la faible et inconsistante vibration historique[187]. »

Une civilisation dans laquelle l'histoire s'est développée de façon excessive réduit ses individus à la connaissance, à la raison. Elle les prive de leurs instincts, anéantit la force de leur personnalité. Les êtres dont le seul but est l'accroissement des connaissances sont déconnectés de la vie. Ils n'ont aucune grandeur, aucune ambition. En les privant de toute créativité, l'histoire leur ôte ce qui est le propre de la vie : la capacité à créer du nouveau. Au lieu d'inventer l'art, les Allemands comme les Romains, « s'y promènent en spectateurs[188] ». Trop préoccupés qu'ils sont par le passé, ils en oublient de vivre et de construire pour le futur. Nietzsche déplore les conséquences d'une trop grande attention portée à l'histoire :

> « L'individu devient ainsi timoré et mal assuré, il ne fait plus confiance : il plonge en lui-même, dans son intériorité, ce qui signifie seulement dans l'amas confus des connaissances acquises qui ne se traduisent pas extérieurement, qui n'alimentent pas la vie. Pour ce qui est de l'extérieur, on remarque combien l'extirpation des instincts par l'histoire a presque transformé les hommes en pures abstractions[189]. »

L'hypertrophie du sens de l'histoire empêche les individus d'exprimer leurs instincts créatifs. La Rome antique, en cela très proche de l'Allemagne moderne, ne peut donc pas

---

[187] OPC II 2, p. 222.
[188] *Ibid.*
[189] OPC II 2, p. 223.

constituer le modèle culturel qui permettrait à cette dernière de redevenir une puissance artistique créatrice. C'est cette incapacité de concevoir la vie de façon artistique qui fait que l'époque moderne est plus proche de la Rome impériale que de la Grèce antique. Il lui faut par conséquent s'éduquer au contact de la culture grecque.

Les cultures latines et allemandes expriment leurs instincts d'une façon différente de la Grèce et dans un domaine non artistique : elles sont en premier lieu des puissances militaires et politiques. Jacob Burckhardt affirme que l'État peut être pensé comme le résultat d'une force créative propre à l'histoire. Il écrit ainsi à propos de l'Empire romain : « C'est là que l'esprit politique moderne apparaît pour la première fois, livré sans contrainte à ses propres instincts[190] ». La raison du malaise historique de la Rome antique réside dans le fait qu'elle voit « la terre entière sous ses pieds[191] ».

La Rome impériale et l'Allemagne wilhelminienne : deux puissances militaires et politiques

La Rome antique se caractérise principalement par ses aspirations à la fois politiques et militaires. Un fort sentiment patriotique, accompagné de pulsions hégémoniques, est à l'origine de la puissance romaine. Comme l'affirme Hegel, Rome se définit par la simultanéité de l'État et du citoyen. Nietzsche reconnaît cette adéquation qui existe entre les individus et l'État. C'est grâce à cette identification des individus avec les lois et les ordres romains que Rome assouvit sa volonté de domination et, en réalisant ses visées hégémoniques, devient toute puissante. Sa grandeur est donc due à cette union qui fait que les individus luttent pour l'avènement de l'État, comme s'il s'agissait de leur intérêt propre. Pour Nietzsche, l'Empire romain constitue « l'expression la plus grandiose, mais aussi la plus

[190] Burckhardt, 1986.
[191] OPC II 2, p. 222.

effrayante[192] » de la « valorisation inconditionnée des pulsions politiques[193] ». Max Marcuzzi affirme qu'Hegel « valorise la substantialité romaine dans *La Raison dans l'histoire*[194] [par des prédicats tels que] la 'rudesse', la 'rigidité', l' 'âpreté' et la 'virilité' [...] qui lui permettent d'écrire 'qu'un tel empire semble être fait pour l'éternité[195] ». Or ces mêmes éléments « sont retournés par Nietzsche en imperfections au profit d'une revalorisation du 'monde grec'[196] ». Les Romains, submergés par leurs instincts politiques, se perdent totalement dans la « poursuite effrénée de la gloire et de l'hégémonie mondiale[197] ». Cela implique, comme Hegel le reconnaît lui-même, leur infériorité en matière d'art par rapport à la civilisation grecque.

L'esprit prussien, tel qu'il se manifeste à l'époque de Nietzsche, est très proche de l'esprit romain. Ainsi la guerre de 1870-1871 a montré au monde les pulsions politiques et guerrières de l'Allemagne. La « grande puissance nerveuse[198] » dont parle Volker Ullrich a, selon Nietzsche, de nombreux points communs avec la Rome impériale. La subordination des énergies individuelles à la volonté de puissance de l'État s'y exprime de manière égale. « La guerre, la victoire et le droit[199] » sont des éléments essentiels à la fois de la civilisation latine et de la civilisation allemande. La volonté de domination européenne du jeune Empire allemand est comparable à la soif de conquête de la Rome antique. C'est cette suprématie de l'esprit politique et guerrier au dépend des pulsions artistiques que Nietzsche dénonce dans *Humain, trop humain,* lorsqu'il évoque « le patriotisme grossier à la romaine[200] ». La volonté

---

[192] OPC I 1, p. 135.
[193] *Ibid.*
[194] Hegel, 1965, p. 289.
[195] Marcuzzi, *in* : BP, pp. 943-944.
[196] *Id.*, p. 944.
[197] OPC I 1, p. 135.
[198] Ullrich, 1997.
[199] *Aurore*, aphorisme 175.
[200] OPC, II 1, aphorisme 442.

guerrière est incompatible avec l'expression de « l'émoi dionysien[201] » qui se caractérise par le sentiment extatique de ne faire qu'un avec le monde. Cette pulsion dionysienne entraîne de fait une « dissolution[202] » qui délivre des « chaînes de l'individuation[203] » à l'origine de toute guerre et de toute volonté hégémonique.

La Grèce éducatrice

Les instincts dionysiens de la Grèce antique

La distinction nietzschéenne entre les cultures grecque et latine n'a pas uniquement pour but de fournir une typologie des cultures passées. Son objectif est d'utiliser ces données pour agir. La différenciation typologique permet d'expliquer, de critiquer et de transformer les cultures présentes. Elle sert, comme en témoignent les notes qui accompagnent la rédaction des *Considérations inactuelles*, à critiquer la définition nationaliste de la culture sous l'Empire allemand. L'analyse des mécanismes et l'explication du fonctionnement des cultures doivent servir de base à la réalisation d'une nouvelle culture allemande.

Pour Nietzsche, l'art constitue le fondement de toute culture. C'est pourquoi les notes des années 1872 et 1873 s'appliquent à l'observation des formes esthétiques des cultures antiques et étudient leur genèse. Elles soulignent l'adéquation suivante : « culture – domination de *l'art* sur la vie[204] ». Cet argument est développé par le penseur à travers l'exemple de l'Antiquité grecque dans *Vérité et mensonge au sens extra-moral* :

> « Là où l'homme intuitif, un peu comme dans la Grèce antique, porte ses coups avec plus de force et de succès que

[201] OPC I 1, p. 135.
[202] *Ibid.*
[203] *Ibid.*
[204] KSA 7, p. 513, OPC II 1, p. 263.

son adversaire, une civilisation peut se former sous des auspices favorables, et la domination de l'art sur la vie peut s'y établir[205]. »

En ce sens, l'art représente bien la condition préalable à la culture. En étudiant les spécificités des civilisations grecques et latines et des formes d'art qu'elles mettent respectivement en place, Nietzsche cherche à définir quelle forme de culture et quelle civilisation antique doivent servir de modèle dans la constitution d'une culture allemande à venir. La culture grecque lui paraît la plus apte à éduquer le présent.

L'éloge nietzschéen de la Grèce s'inscrit dans la tradition allemande. Il participe à un vaste courant de réflexion sur l'affinité élective entre Hellènes et Allemands et sur la possible influence de la Grèce sur l'âme germanique. Les classiques de Weimar, tels Goethe et Winckelmann, ainsi que les romantiques de Iéna, parmi lesquels les frères Schlegel, Novalis ou encore Tieck, prônent une imitation de la Grèce antique. Après la scission entre le sensible et l'intellect provoquée au XVIIIe siècle par les Lumières, ces penseurs cherchent à réunir l'instinct et la conscience. Pour ce faire, ils se réfèrent à l'Antiquité, époque à laquelle la rupture n'avait pas encore eu lieu. Il s'agit de recréer un lien entre le passé et le présent, sans ignorer la distance qui les sépare. Il faut dépasser ce qui les oppose pour que le passé profite au présent. Les Allemands cherchent donc à imiter les Grecs. Cependant, pour savoir si Nietzsche s'inscrit dans cette tradition, il est indispensable de se demander en quoi consiste ce projet, à quelle image de la Grèce Winckelmann fait allusion lorsqu'il affirme, dans *Pensées sur l'imitation des œuvres grecques en peinture et en sculpture*, qu'il faut imiter les Anciens pour devenir à son tour inimitable.

Dès la mort de Winckelmann, les avis divergent, comme le montrent les écrits de Goethe et de Herder intitulés *Le tombeau de Winckelmann*. Les classiques cherchent auprès des Grecs le naturel que les modernes ont perdu, l'idéal grec qui peut être

---

[205] OPC I 2, p. 289.

imité. Quant aux romantiques, ils considèrent l'art comme une seconde nature, c'est-à-dire que les Grecs sont les incitateurs qui permettent une nouvelle créativité s'exprimant au moyen de la *natura naturans*.

Nietzsche s'inscrit donc bien dans un contexte intellectuel dans lequel se pose la question de la possibilité et des modalités, pour les Allemands, d'un devenir grec. Cependant, il ne s'agit pas, pour lui, d'écrire en mettant le temps en suspens ou en s'inscrivant dans un dépassement du temps, mais bien d'écrire à contretemps, de façon intempestive. S'il parle néanmoins encore de la Grèce de façon historique, cela est dû à l'influence qu'a exercée sur lui sa formation philologique. Ainsi, dans *Après Nietzsche*, Giorgio Colli affirme que, pendant l'époque bâloise, le penseur est partagé entre deux approches : celle de la science philologique, sous l'influence de ses études secondaires et universitaires, et celle de Wagner qui l'inscrit dans une problématique allemande et contemporaine. Nietzsche fait siens ces éléments de réflexion qui lui servent à élaborer une conception qu'il développe jusque dans ses ouvrages ultérieurs. Sa manière de comprendre les Grecs sert déjà la restauration d'un homme non décadent. Le point de vue de Nietzsche dans ses écrits de jeunesse est différent de celui qu'il adopte dans ses œuvres plus tardives. Alors que le jeune professeur bâlois s'exprime encore dans *La Naissance de la tragédie* comme un universitaire, Sandro Barbera, dans la postface du troisième tome des cahiers posthumes de Giorgio Colli, intitulé *Nietzsche*[206], affirme que le philosophe, dans ses écrits ultérieurs, parle en tant que Grec pour juger l'Allemagne de son époque. À travers Nietzsche, les Grecs antiques jugent le temps présent. Sa conception intempestive de la philologie classique s'efforce cependant déjà, alors qu'il est encore enseignant, d'agir sur le temps, en vue d'une époque à venir. Il exprime en effet « le besoin le plus noble du vrai génie allemand[207] » qui se doit de chercher « la main de ce génie grec

[206] Colli, 2000a.
[207] OPC I 2, p. 133.

comme un ferme appui dans le fleuve de la barbarie[208] ». L'esprit allemand doit exprimer son « désir dévorant des Grecs[209] » de telle sorte que l'Antiquité grecque devienne « le lieu de pèlerinage des hommes les meilleurs et les plus doués[210] ». Ainsi l'étude de la Grèce antique devient pour Nietzsche, comme c'est le cas pour « quiconque a puisé une telle richesse dans des sphères aussi éloignées, [...] une force explosive pour le présent[211] ». Telle est la signification du « Socrate musicien[212] » à la fin de *La Naissance de la tragédie* : il personnifie la réconciliation de la modernité et du dionysien. Il ne faut pas réduire à néant le présent ; mais sa critique permet de l'enrichir de l'élément grec, de réunir les opposés pour dépasser les contradictions et créer une nouvelle culture. En démontant les mécanismes de la société socratique, fondée sur le savoir et la science, la critique nietzschéenne permet de faire resurgir les éléments dionysiens que la société moderne étouffe.

L'idée que Nietzsche se fait des Grecs est donc bien différente de celles que se font les classiques et les romantiques allemands. Alors que ces derniers chantent l'Hellade lumineuse, puissance apollinienne par excellence, Nietzsche fait resurgir les sombres instincts de la Grèce présocratique. L'Antiquité grecque lui permet de mettre en lumière ce qui fait le plus cruellement défaut à l'Allemagne de son époque, à savoir la pulsion dionysienne. Cette conception culturelle repose sur une analyse philologique préalable. Le 18 janvier 1870, le professeur tient la première des deux conférences publiques qui servent de première étape à la rédaction de *La Naissance de la tragédie*, intitulée *Le Drame musical grec*. Le sujet de cette conférence est conforme aux problématiques de l'époque : il pose la question de l'origine dionysienne de la tragédie. Le professeur bâlois appuie sa réflexion sur des ouvrages purement

---

[208] *Ibid.*
[209] *Ibid.*
[210] *Ibid.*
[211] Colli, 1996, p.15.
[212] OPC I 1, p. 109.

philologiques. Il emprunte à la bibliothèque de l'université de Bâle un ouvrage de référence sur cette question, *l'Histoire de la littérature grecque* de Karl Otfried Müller[213]. Cet ouvrage affirme que c'est le culte de Dionysos qui a donné naissance au drame grec. Les masques et les vêtements caractéristiques des danseurs, à savoir des peaux de chevreuils et de boucs, y sont décrits. Il parle même de leur désir de devenir étrangers à eux-mêmes. Dans sa conférence intitulée *Le Drame musical grec* puis dans *La Naissance de la tragédie*, Nietzsche affirme, dans la lignée de Karl Otfried Müller, que la tragédie grecque trouve son origine dans les fêtes en l'honneur de Dionysos.

Ainsi, dans la Grèce que Nietzsche cite à titre de modèle pour l'Allemagne, la mesure, la sérénité, le contrôle de soi et la capacité de raisonner, caractéristiques apolliniennes qui apparaissent bien souvent comme propres aux Grecs[214], sont remplacés par l'image sombre de la Grèce des instincts extatiques, celle du dieu de la démesure, Dionysos. La Grèce de Nietzsche est celle qui voue un culte à l'ivresse et qui abrite « le peuple des Mystères tragiques[215] ». Elle est abyssale, à l'opposé de l'excès de rationalité lénifiante de l'Allemagne. Alors que la tradition allemande idéalise une Grèce éclairée, raisonnée, tout apollinienne, Nietzsche fait appel à la Grèce nocturne dont Rome, au deuxième siècle avant Jésus-Christ, craint la contamination. Cette Grèce est mue uniquement par ses instincts. En quête de plénitude, elle cherche, plongée dans son extase dionysienne, à ne faire qu'un avec les forces telluriques.

L'élan dionysien fait disparaître les frontières de l'individu. Il fait éclater l'élément apollinien à l'origine du processus de distanciation, le *principium individuationis*, et cela de trois manières différentes. Tout d'abord, il abolit toute distance entre l'individu et son environnement. L'individu ne fait plus qu'un avec la nature, comme le symbolisent les masques et les

[213] Müller, 1866.
[214] C'est l'image qu'en donne Winckelmann.
[215] OPC I 1, p. 135.

costumes de bêtes portés lors des célébrations de Dionysos. Ensuite, il se fond dans la masse. L'amour charnel, l'ivresse de la foule, le sentiment orgiaque lui font perdre le sens de sa faible individualité. Enfin, le dionysien fait tomber la dernière barrière, celle qui sépare la conscience et l'inconscient. Dans l'ivresse dionysienne, la conscience s'ouvre aux forces vitales enfouies au plus profond de l'individu. Ce triple anéantissement des barrières intrinsèques de l'individu lui permet de dépasser ses limites, de quitter son enveloppe réductrice pour se fondre dans le mouvement inexorable de la vie elle-même. Nietzsche définit le sentiment dionysien comme un besoin d'unité, un dépassement de l'individualité, un franchissement de l'abîme de l'éphémère. Il s'agit de la puissance enivrante de la vie qui transmet aux individus de façon diffuse le sentiment de la passion et la douleur qui l'accompagne. L'état dionysien permet de s'élever au-dessus des souffrances personnelles pour se réjouir du spectacle tragique que présente le monde. Il participe à la joie de l'activité immuable qui survit à la mort individuelle et qui détruit uniquement pour créer à nouveau. Cet élan panthéiste qui réunit exaltation et destruction, cette acceptation du changement inhérent à la vie, est le moteur même de l'existence. Il est à l'origine de l'instinct de survie de l'espèce, dont parle Freud dans *Le Malaise dans la civilisation*[216]. C'est de cette éternelle volonté de fécondation et de l'acceptation de la destruction qui l'accompagne que naît le sentiment de la nécessité de la création.

Ces pulsions sont à l'origine de la réalisation artistique. Ainsi, la musique, qui permet la naissance de la tragédie attique, est purement dionysienne. Elle peut, pour cette raison, servir le renouveau de la culture allemande. La force dionysienne de la musique lui permet de véhiculer, d'exprimer les émotions directement, sans passer par la distanciation de la raison. Elle est différente en cela des arts plastiques ou même de l'écriture. La musique est « pure intériorité, qui ne recherche pas la

[216] Freud, 2000.

visibilité puisqu'elle la sent inadéquate[217] ». Alors que les mots peuvent être objets de malentendus, d'interprétations, la musique représente, par excellence, la forme d'expression directe, immédiate. Elle agit sur les individus sans passer par le filtre déformant de la raison. La musique transmet l'élan dionysien puisqu'elle seule « touche immédiatement le cœur comme la vraie langue commune, comprise partout[218] ». Le remplacement progressif de la musique par les dialogues et l'anéantissement du dionysien par la raison sont responsables de la mort de la tragédie antique.

Dépasser le socratisme

C'est cette conception que Nietzsche développe dans sa deuxième conférence publique intitulée *Socrate et la tragédie* sur laquelle s'appuie également la rédaction de *La Naissance de la tragédie*. Il y critique la surestimation de la conscience depuis Socrate. Alors que sa conférence du 18 janvier 1870 s'inscrit encore dans le cadre des recherches philologiques contemporaines, cette nouvelle conférence, qu'il tient le 1er février de la même année, sort du domaine purement scientifique et universitaire. Il en est pleinement conscient et c'est la raison pour laquelle il essaie de la cacher à Ritschl, son maître de philologie grâce auquel il a pu obtenir son poste à l'université de Bâle : les réflexions qu'il y développe ne correspondent pas à l'idée que celui-ci se fait de la philologie. Ses efforts restent cependant vains et la réaction du philologue est sans surprise. Nietzsche relate le 15 février 1870, dans une lettre à Rohde, que sa conférence a suscité « frayeur et malentendus[219] », si bien que pour se faire pardonner, le jeune professeur travaille, dans la plus pure veine philologique, sur un recueil des *Meletemata Societatis philologiae Lipsiensis*.

Dans sa conférence, Nietzsche explique en effet le déclin de la tragédie par l'avènement du langage et de la raison sur la

217 Colli, 2000b, p. 123.
218 KSA I, pp. 528-529, OPC I 2, p. 28.
219 Corr. 2, p. 92.

scène. Cette thèse est très provocante pour un philologue classique. Il s'en suit une critique véhémente du rôle néfaste du primat de la conscience sur l'élément dionysien qu'est la musique. Lorsque le *logos* prend le pas sur le *pathos*, la tragédie perd sa force réconciliatrice. Dès que la langue s'émancipe de la musique et qu'elle fait valoir sa supériorité à expliquer les actions se déroulant sur la scène, la puissance d'évocation disparaît. La langue, en tant qu'élément de conscience structuré par le vocabulaire et la grammaire, fonctionne de manière bien différente de la musique. C'est pourquoi, lorsque les mots remplacent cette dernière, conscience et être se trouvent inévitablement séparés : la conscience n'a plus accès à l'être. C'est le « processus de leur désagrégation[220] » dû à l'intellectualisation que Nietzsche dénonce dans *Le Drame musical grec* comme étant à l'origine de « la décadence de la tragédie antique[221] ». Ainsi la tragédie du *logos* est-elle, selon Nietzsche, celle qui s'exprime encore à son époque.

C'est avec Socrate que commence une nouvelle ère puisqu'il est à l'origine de la surestimation de la conscience. Pour lui, « tout doit être conscient pour être bon[222] ». Cette phrase, appliquée au théâtre, donne le « tout doit être conscient pour être beau[223] » d'Euripide. La profondeur de l'être fait désormais place à la toute puissance de la conscience. Là où les présocratiques croyaient au mythe, à l'instinct, à la puissance de forces impossibles à cerner, Socrate annonce un monde aux lois restreintes qui peuvent toutes être expliquées par la raison. À la place du pouvoir évocateur de la musique se trouve dès lors la dialectique. Le rationalisme ne prend plus en compte les forces inconscientes, la profondeur réelle de l'être. C'est pourquoi Socrate ne véhicule, selon Nietzsche, qu'un savoir dénué de sagesse.

---

[220] KSA I, p. 530, OPC I 2, p. 29.
[221] *Ibid.*
[222] KSA I, p. 540, OPC I 2, p. 38.
[223] KSA I, p. 540, OPC I 2, p. 38

La tragédie n'est donc plus le lieu de l'expression des forces primitives de la vie, de la mort, du pathos et du destin. Elle n'est désormais que machinations, intrigues raffinées et calculs. L'explication rationnelle d'actions humaines remplace le mystère et l'ivresse du spectacle qu'offrent le monde et l'éternité du cycle de la vie. Le principe de la causalité, expliquant clairement quelles conséquences sont impliquées par quels actes, remplace la vision des puissances vitales et l'expiation de la faute originelle des individus. Ce ne sont plus des chants sur la scène, mais des discussions. Socrate est donc bien « le destructeur du drame musical[224] » car l'ambiance fondamentale sur laquelle reposait l'expression du tragique de la vie même a disparu. C'est à cause de mauvais calculs que les individus meurent désormais sur scène, et non en raison de leur destin. Nietzsche affirme : « Il nous semble que toutes ces figures périssent non par le tragique, mais par une logique superfétatoire[225] ».

Ce changement d'état d'esprit a deux conséquences. L'une d'elles est la fin de la tragédie grecque au sens où l'entend Nietzsche. L'autre est un changement culturel crucial dont les effets se répercutent sur la culture actuelle : l'avènement du socratisme est nuisible, il réduit et anéantit l'énergie profondément créatrice, l'élan purement artistique d'origine inconsciente. Le désir de savoir, la soif de connaissance et d'apprentissage remplace les puissances vitales originelles qu'étaient le mythe et l'art. Les lumières de la dialectique triomphent des ombres du destin que faisait planer la musique sur la tragédie. Alors que la vie était indissociable des profondeurs, de l'abîme des passions et des instincts, elle cherche désormais à dominer son environnement et sa propre nature par la conscience. L'optimisme qui naît de la croyance en la capacité des hommes à diriger leur vie, à avoir plein pouvoir sur elle grâce à leur entendement ne laisse plus de place

---

224 OPC I 2, p. 42.

225 KSA I, p. 546, OPC I 2, p. 43.

aux ténèbres de l'ivresse, de la folie et de la douleur sur lesquelles reposait le drame musical grec.

Cependant, les pulsions profondes, le goût du tragique n'ont disparu qu'en surface. Nietzsche achève sa conférence intitulée *Socrate et la tragédie* par une interrogation sur l'avenir de la culture allemande et sur la possibilité d'une prochaine renaissance de l'authentique tragédie grecque. Le drame musical grec est en effet le seul qui puisse, dans un siècle dominé par les sciences et par l'optimisme qu'elles propagent, insuffler aux hommes le sens du destin et des abîmes tragiques, et faire qu'ils ne soient plus « victime[s] du socratisme[226] ». La tragédie présocratique peut éveiller à nouveau l'ivresse de la vie et faire renaître la profondeur de l'être. Ainsi seulement les individus pourront redevenir ceux qu'ils sont.

La Grèce antique : un modèle pour l'Allemagne

Les Allemands doivent s'inspirer de la tragédie grecque présocratique pour redonner vie à leur culture. Les chants et les airs de flûtes des choristes de dithyrambes s'adressent, dans le drame musical grec, à Dionysos. Le dieu du breuvage narcotique, de l'ivresse mais aussi de la fertilité et de l'approche du printemps favorise la réconciliation de l'homme avec la nature, vers laquelle tendent les contemporains de Nietzsche sans pouvoir réellement y accéder. Les chants et les danses auxquels le culte de Dionysos donne lieu sont l'expression artistique de cette union avec la nature. L'homme s'exprime de manière immédiate par la danse, sans médiation de la pensée. Le dionysien est exprimé par le chœur dans la tragédie grecque et il représente les pulsions primitives de l'homme, qui se révèlent dans l'ivresse.

Ce ne sont cependant pas les tendances bestiales et la licence sexuelle – qui caractérisent les barbares – qui doivent être prises pour modèle par les Allemands. Il s'agit uniquement de faire réapparaître des éléments dionysiens, vitaux et fertiles. La

[226] OPC I 2, p. 46.

musique, avec son pouvoir émotif, la danse qui, en donnant au corps l'occasion de s'exprimer dans un mouvement rythmique, permet à l'individu d'atteindre un souverain oubli de soi doivent être intégrées dans la culture allemande à venir. Cette conviction est également présente dans les œuvres ultérieures de Nietzsche. *Ainsi parlait Zarathoustra* prêche une morale nouvelle et antichrétienne qui repose sur une revalorisation des joies terrestres et met en avant deux éléments essentiels du dyonysisme, à savoir l'ivresse et la danse.

L'esprit dionysien de la Grèce présocratique doit permettre à l'Allemagne de dépasser l'esprit socratique, l'omniprésence de la *ratio* et de la science. Ainsi seulement la culture allemande, qui est la préoccupation principale de Nietzsche dans *La Naissance de la tragédie*, pourra être régénérée dans un esprit d'équilibre alliant Dionysos à Apollon, car les éléments dionysiens seuls ne peuvent en aucun cas permettre l'avènement d'une nouvelle culture allemande à l'image de la culture grecque.

À l'école de la tragédie

Union du dionysien et de l'apollinien

La force de la culture grecque antique vient du fait qu'elle n'est pas purement dionysienne. Le jeune professeur décrit, dans *Le Drame musical grec*, la tragédie comme étant, à la fin des célébrations dionysiennes, le moment où a lieu le passage de l'élan dionysien d'unité et d'indivision à la retombée dans l'existence individuelle. La tragédie a pour rôle d'accompagner de façon ritualisée le dégrisement, la difficile sortie du vertige collectif et le douloureux retour à la solitude. C'est pourquoi le drame attique met en scène à la fois l'extase collective, la dissolution dans la foule, et le retour à l'individuation. Il s'agit donc de définir cette force qui donne une direction à la tragédie, qui permet le retour vers l'individualité et la société.

Pendant l'été 1870, Nietzsche développe une idée dont il sent qu'elle va lui permettre non seulement d'expliquer ses intuitions sur le caractère bipartite de la tragédie grecque, mais également de juger la capacité culturelle de l'Antiquité grecque et de l'Antiquité latine ainsi que celle des civilisations contemporaines. Il aura ainsi les arguments pour démontrer la valeur éducatrice de la culture grecque.

Il utilise pour ce faire le principe de jugement esthétique reposant sur la bipolarité du couple Dionysos-Apollon. Les deux divinités grecques représentent les deux puissances fondamentales sur lesquelles sont fondées toutes cultures. Cette vision de la culture s'inscrit parfaitement dans l'optique de la philologie classique que défend Nietzsche, selon laquelle « qui n'a aucun sens du symbolique n'a aucun sens de l'Antiquité[227] ». La forme de culture d'une civilisation dépend donc de la proportion de dionysien et d'apollinien qui lui est propre. Déjà dans sa première conférence, *Le Drame musical grec*, Nietzsche démontre que les fêtes en l'honneur de Dionysos constituent l'origine de la tragédie et, dans sa deuxième conférence, *Socrate et la tragédie*, il dépeint Socrate comme le « héraut de la science[228] » à la « clarté apollinienne[229] ». C'est dans son essai *La vision dionysiaque du monde*, rédigé pendant l'été 1870, que le couple Dionysos-Apollon apparaît en tant que tel et que l'interaction de ces deux pôles est explicitée. Il sert pour la première fois de clé d'interprétation pour la tragédie grecque, qui apparaît comme le fruit de l'union entre ces deux pulsions fondamentales. Ainsi, dans la tragédie grecque, l'élan dionysien et ses pulsions extatiques sont associés à la forme apollinienne qui leur donne une direction. La musique et les passions qu'elle exprime et

---

[227] Notes sur *Nous autres philologues*, 3 (54), OPC II 2, p. 270, KGW, 4, 1, p. 105.
[228] OPC I 2, p. 42.
[229]. *Ibid*.

engendre sont de nature dionysienne alors que les dialogues, la langue et la dialectique à l'œuvre sur scène sont apolliniens. Ces éléments réunis dans la tragédie grecque mettent en scène les sombres forces du destin éclairées par la représentation et la conscience humaine.

Les différentes caractéristiques de l'apollinien et du dionysien font que la domination de l'une des deux tendances influence considérablement la nature de l'art qui en découle. Ainsi les arts plastiques, tels que la sculpture ou l'architecture sont, dans la mesure où Apollon est le dieu de la forme, essentiellement apolliniens, alors qu'un élan dionysien donnera plutôt lieu à des expressions artistiques plus instinctives telles que la danse et la musique. Dans les arts apolliniens, la distance et la conscience de l'artifice prédominent alors que dans les arts dionysiens, la dissolution, l'oubli de soi font disparaître les frontières, les retenues. L'ivresse dionysienne annihile le regard extérieur sur soi-même alors que la clarté apollinienne génère l'autoréflexion. Seule la tragédie permet de réunir ces deux pulsions. C'est pourquoi elle est l'expression culturelle la plus complète. Elle permet aux individus de réunir les instincts fondamentaux qui les habitent et de prendre pleinement conscience de la force vitale du monde sans être effrayés par sa grandeur et son indifférence.

Guérison par l'art

Nietzsche, dans *La Naissance de la tragédie*, considère l'art comme le moyen de réunir les pulsions fondamentales des hommes. Il prend comme exemple les pulsions guerrières. Les Grecs, au cours de certains épisodes de leur histoire, sont mus par des volontés combatives, comme lors de la guerre contre les Perses ; mais dès que les combats s'achèvent, animés par leurs profonds instincts dionysiens, ils utilisent l'art comme « un philtre nécessaire à la guérison[230] ». Le retour du dionysien joue un rôle cathartique auprès des individus. L'alliance d'Apollon

[230] OPC I 1, p. 135.

et de Dionysos, divinité de l'unité, de l'union, de la perte d'identité permet à la civilisation de panser ses plaies. C'est ainsi que Jacques Le Rider affirme, en faisant référence au chapitre 22 de *La Naissance de la tragédie* :

> « Nietzsche rend hommage à Goethe, tout en revenant à une conception plus proche de la lettre d'Aristote et en reprenant des thèmes schopenhaueriens : la catharsis est à présent définie comme un 'déchirement intime[231]' qui trouve sa résolution dans une 'primordiale et suprême joie artistique au sein de l'Un-primordial[232]', joie de l'anéantissement et de l'engloutissement de l'existence[233]. »

La Grèce a réussi à associer l'oubli dionysien et la forme apollinienne. La tragédie permet de canaliser les tendances dionysiennes en leur donnant forme. Le poète lyrique ne fait qu'un avec la réalité primitive, avec sa souffrance. Il l'exprime par la musique qui lui apparaît, de manière symbolique, sous l'effet onirique d'Apollon. La tragédie représente donc le torrent dionysien endigué par Apollon. Le sublime n'est autre que la maîtrise et l'expression de la souffrance originelle par l'art qui, « lui seul est à même de plier ce dégoût pour l'horreur et l'absurdité de l'existence à se transformer en représentations capables de rendre la vie possible[234] ». L'élément apollinien permet de sauver l'individu de la tentation bouddhiste que provoque en lui la pulsion de négation léthargique propre à Dionysos et à l'absurdité du monde. Ainsi, la tragédie attique, qui constitue, selon Nietzsche, un des accomplissements de l'art dorien, naît de l'opposition des entités que représentent Apollon et Dionysos et permet par là même la synthèse de ces deux notions antithétiques et complémentaires.

Le couple Dionysos-Apollon représente donc plus que les deux pôles de l'expression artistique. Nietzsche leur confère

---

[231] *La Naissance de la tragédie,* RL I, pp. 119-120.
[232] *Ibid.*
[233] Le Rider, 2001, p. 205.
[234] OPC I 1, p. 70.

une valeur bien supérieure. Loin d'être réduites à la sphère esthétique, les pulsions apolliniennes et dionysiennes représentent les conditions fondamentales d'existence de l'individu. L'influence de la philosophie de Schopenhauer est sur ce point manifeste. En effet, le dionysien représente, pour Nietzsche, le monde, l'Un-originel, en tant que volonté instinctive, que force primitive. L'élan vital, qui s'exprime dans l'ivresse, dans l'extase et dans la soif créatrice de l'individu, est accompagné par le désespoir ressenti devant la cruauté inexorable de l'existence, qui, sans raison, broie les individus et les mène à une mort certaine. L'apollinien permet la prise de distance nécessaire par rapport au désespoir. Grâce à sa force onirique de représentation, il permet à l'individu de se recentrer sur lui-même et d'accepter son existence.

Le dionysien est le mouvement incontrôlable et monstrueux de la vie. Il est ce que Nietzsche appelle l'éternel retour dans ses œuvres ultérieures. Et l'apollinien consiste à répondre à cet élan destructeur par des tentatives culturelles qui rendent la vie possible, acceptable. La culture n'est donc rien d'autre qu'un moyen de supporter la fatalité de la vie en l'éclairant d'éléments apolliniens. Les civilisations tendent à la sublimation des forces dionysiennes. En les canalisant, en les rendant visibles, elles les rendent acceptables et donnent l'illusion qu'elles sont surmontables. Les institutions culturelles, qui ne sont autres que des ritualisations de la vie, sont des représentations qui, tout en reposant sur l'existence, permettent de la mettre à distance. Le dionysien est donc sous-jacent à toute civilisation, à toute culture.

Grâce à la définition du dionysien et de l'apollinien comme éléments de référence permettant de définir l'état culturel d'une civilisation donnée, Nietzsche possède un outil qui peut lui permettre d'analyser le fonctionnement des cultures, de les évaluer et d'influencer leur développement. Il pense ainsi, à partir de ces deux éléments, pouvoir juger, à la lumière de la culture grecque, les cultures contemporaines. L'accord du dionysien et de l'apollinien dans la tragédie grecque représente le modèle auquel Nietzsche compare les cultures modernes.

C'est donc à l'origine de la tragédie grecque qu'il faut remonter pour trouver les éléments qui peuvent insuffler une nouvelle énergie à la culture allemande et la sortir de sa stupeur socratique. Le chœur de la tragédie attique exprime la consolation qui naît du sentiment de la puissance indestructible de la vie, bien au-delà des changements des phénomènes. L'acceptation de la nature et de la vie, propre au sentiment dionysien d'union avec l'Un-originel, ainsi que l'incitation à l'action, que permettent la distanciation apollinienne et l'illusion qui lui est propre, sont les éléments essentiels qui font de la tragédie l'art le plus apte à fertiliser la culture allemande.

Insuffler à la culture allemande une énergie nouvelle

Nietzsche souligne, dans sa dédicace à Richard Wagner, que le compositeur est le plus apte à réaliser le renouveau de l'art allemand. Les éléments wagnériens de la musique et du mythe sont, selon lui, l'écho allemand de la tragédie antique. Ainsi Wagner représente-t-il, dans *La Naissance de la tragédie*, dans les considérations inactuelles et dans les écrits qui leur sont contemporains, la résolution active, le dépassement du pessimisme. Giorgio Colli affirme dans sa préface à la correspondance entre Nietzsche et Wagner que ces derniers ne sont « pas des contemplatifs, et [que] leur expression v[eu]t intervenir dans la sphère de l'action[235] ». Il critique cependant l'inadéquation entre l'intemporalité de thèmes tels que le mythe, la musique ou la tragédie et l'actualité de la référence à Wagner. Nietzsche cache, selon lui, l'inactualité de son propos sous les traits du présent. C'est pourquoi il affirme que « l'oeuvre reste voilée[236] ». Sous l'étude philologique et les traits wagnériens se cache la vraie réflexion inactuelle de Nietzsche sur l'Antiquité grecque. Cependant, si ses textes ont un caractère intempestif, c'est parce qu'ils parviennent à dépasser les limites temporelles pour concevoir une réflexion

---

[235] Colli, 1996, p. 28.

[236] *Id.*, p. 21.

sur les mécanismes culturels dans leur ensemble. Nietzsche ne lutte contre son temps qu'en intégrant son combat à sa réflexion générale sur la culture. La comparaison avec la Grèce souligne les lacunes de la culture allemande moderne et offre le moyen même d'y remédier. Si, comme l'affirme Giorgio Colli, Wagner ne joue, dans cette démonstration, qu'un rôle d'exemple qui est par conséquent abandonné dans une phase ultérieure de la réflexion nietzschéenne, la philologie classique est loin d'être circonstancielle. Étant au centre même du rapport à l'Antiquité, elle reste primordiale dans toute son œuvre. L'Antiquité grecque doit, selon le philologue classique, insuffler à l'Allemagne une nouvelle énergie pour qu'elle puisse créer sa propre culture.

Grèce et Rome antiques : de l'art à l'artifice

Transferts culturels dans la Grèce et Rome

Si la Grèce représente aux yeux de Nietzsche la culture antique de référence, c'est donc grâce à l'union des deux pulsions fondamentales, le dionysien et l'apollinien. Dans la tragédie grecque, le démon dionysien est canalisé, calmé par le génie apollinien. Or, la comparaison de la Rome antique avec la Grèce montre le déséquilibre entre ces deux pulsions dans la culture latine. Par rapport à l'Antiquité grecque dont les qualités artistiques sont indubitables, l'Antiquité latine, selon le philologue, ne possède de l'art que l'artifice. Si la Grèce réunit dans la tragédie les sombres instincts dionysiens et le rêve apollinien, Rome n'exprime à travers son art qu'un souci tout apollinien de la belle forme, à qui manque la folie profonde de la vie et du monde primitif que seule peut insuffler l'ivresse dionysienne. C'est pour cette raison que Nietzsche proclame la supériorité artistique de la Grèce.

Cette absence d'unité est visible dans l'attitude de Rome face aux apports étrangers, dans le domaine artistique. Il existe un fort contraste entre la conception que la Grèce se fait de la culture et celle que s'en fait Rome. La perception qu'ont ces deux civilisations du rapport entre leur culture propre et les influences étrangères auxquelles elles sont exposées en est le meilleur exemple. En effet, si elles sont bien toutes deux hétéromorphes, elles reposent cependant sur une conception radicalement différente des transferts culturels, qui participent pleinement à la constitution de leur culture. Il serait erroné de penser que les civilisations grecque et latine se ressemblent en tous points parce qu'elles mettent en place des mécanismes pour transformer les cultures qui leur sont étrangères ou qui les précèdent, et qu'elles ne se différencient que dans le résultat de leur développement. Un résultat différent est en effet dû à une constitution et à une formation dissemblables.

Rome conquiert les textes étrangers et les utilise dans ses propres productions : elle est donc un modèle dont l'Allemagne pourrait s'inspirer. Mais elle reste trop superficielle, en raison de son souci premier de la forme. Le reproche que Nietzsche fait à l'Antiquité latine s'applique également au rapport qu'elle entretient avec les textes étrangers. Au lieu de prendre en compte leur contenu, comme le font les auteurs grecs, les Romains n'utilisent ces textes que pour orner leurs écrits, ils ne parviennent pas à en extraire l'essence, à en utiliser la force. La culture latine n'est qu'une « forme imparfaite [...], empruntée aux Grecs, et [de] pure décoration[237] ». L'opposition des modèles culturels grecs et latins se retrouve dans la conception de l'Antiquité qui considère la culture grecque comme une forme organique dont l'unité et la simplicité se manifestent dans la diversité et la variété, alors que la culture latine est conventionnelle et superficielle.

---

[237] Notes pour *Nous autres philologues,* 3 (76), OPC II 2, p. 279, KGW 4, 1, p. 114.

Cette conception esthétique diachronique, selon laquelle « l'art [est] soit convention soit *physis*[238] », offre la possibilité, dans une perspective typologique, de déterminer des types culturels représentatifs afin de porter un jugement sur l'époque moderne. Ainsi Nietzsche prévoit, en 1872, d'intituler une de ses conférences « *La conception latine et hellénique de l'art et nos classiques*[239] ». Il définit, pendant la même année, la culture grecque comme modèle et source d'enseignement pour la constitution d'une culture allemande : il s'agit de parvenir au « dépassement de la notion latine de l'art : l'art comme convention, comme thèse[240] », pour permettre le « retour à la notion hellénique : l'art comme *physis*[241] ». Dans sa deuxième considération inactuelle, Nietzsche vante le caractère grec qui, assuré de la force et de la vigueur de son identité culturelle, a su s'enrichir des apports qui s'offraient à lui. La culture grecque ne s'approprie que les éléments qui sont en accord avec son caractère propre. La Grèce antique est une *physis*, une civilisation organique, naturelle. Pour reprendre la métaphore chère à Nietzsche, elle est telle une « plante[242] », qui grandit, se sert de son environnement immédiat pour se développer, pour devenir plus forte et plus belle, sans pour autant changer en quoi que ce soit sa nature. Les apports extérieurs enrichissent la culture grecque de la même manière que l'art véritable permet d'« embellir la vie[243] ». Elle les digère puis les fait siens, car elle a une grande confiance et un sens profond de son identité. La culture grecque ne craint pas de s'étioler au contact d'éléments étrangers. Ces apports l'enrichissent sans la défigurer. Rome, en revanche, possède un sentiment patriotique bien plus développé. En raison de ses conquêtes, qui l'opposent frontalement aux éléments étrangers, elle est plus encline à lutter pour conserver avant tout son identité propre.

---

[238] OPC II 1, p. 252, KSA 7, p. 502, Fragm. 19 [266].
[239] OPC II 1, p. 253, KSA 7, p. 503, Fragm. 19 [268].
[240] OPC II 1, p. 259, KSA 7, p. 510, Fragm. 19 [290].
[241].OPC II 1, p. 259, KSA 7, p. 510, Fragm. 19 [290].
[242] KGW III 4, p. 162.
[243] *Id.*, p. 89.

Dans sa première considération inactuelle, *David Strauss, l'apôtre et l'écrivain*, qui date de 1873, Nietzsche affirme-que le concept de culture est défini par une « unité du style artistique à travers toutes les manifestations de la vie d'un peuple[244] ». L'unité, le caractère propre de la culture grecque sont réalisés grâce à un travail d'organisation des éléments étrangers ou passés. La culture grecque diffère en cela des cultures latines et allemandes. C'est au cours de ce processus d'assimilation, de prise de possession des éléments extérieurs que son caractère propre se révèle. Nietzsche décrit l'attitude sereine des Grecs face aux apports étrangers :

> « Il y a eu des siècles où les Grecs se sont trouvés menacés d'un danger pareil à celui qui nous guette aujourd'hui, le danger d'être submergés par l'étranger et par le passé [...]. Jamais ils n'ont vécu dans un isolement hautain : leur 'culture' fut au contraire, pendant longtemps, un chaos de formes et d'idées étrangères, sémitiques, babyloniennes, lydiennes et égyptiennes, leur religion un véritable combat des Dieux de tout l'Orient : à peu près de la même façon que la 'culture' et la religion allemandes sont aujourd'hui un chaos où s'affrontent tous les pays et tous les temps. Et pourtant la civilisation hellénique, grâce à cette devise apollinienne, ne s'est pas transformée en un agrégat informe[245]. »

L'altérité est plus qu'un élément synchrone, géographique et ethnique. Elle peut également être diachronique et temporelle : les textes du passé constituent un élément étranger pour une culture donnée. La civilisation grecque refuse de rejeter ou de traiter de façon artificielle les nombreuses influences auxquelles elle est confrontée « par l'étranger et par le passé[246] ». Elle cherche à les comprendre et à les utiliser pour enrichir sa propre culture. Les Allemands modernes devraient s'inspirer de cette capacité hellénique :

---

[244] OPC II 1, p. 22, KSA 1, p. 163.
[245] OPC II 1, P. 168-169, KSA 1, p. 333.
[246] OPC II 1, p. 168, KSA 1, p. 333.

« Les Grecs ont peu à peu appris à organiser le chaos en rentrant en eux-mêmes, conformément à l'enseignement delphique, en prêtant l'oreille à leurs véritables besoins et en laissant dépérir leurs besoins factices. C'est ainsi qu'ils reprirent possession de leur personnalité propre ; ils ne restèrent pas longtemps les héritiers et les épigones agacés de tout l'Orient. Ils eurent même le bonheur, grâce à l'application pratique de cette devise et après un difficile combat avec eux-mêmes, d'augmenter et d'enrichir le trésor dont ils avaient hérité, et de devenir les ancêtres de tous les peuples civilisés de l'avenir[247]. »

En organisant leur culture, les Grecs peuvent « triompher des autres civilisations[248] ». La constitution d'une culture est un combat avec elle-même et contre les autres cultures. C'est pourquoi, dans la préface de *L'État chez les Grecs*, Nietzsche développe l'idée que la guerre est nécessaire pour parvenir à une culture authentique et qu'elle participe au processus de formation de la culture grecque. Aussi Nietzsche se réjouit-il, comme il le dit dans *La Vision dionysiaque du monde*, lorsque la guerre éclate entre la France et l'Allemagne. Il espère que le conflit entraînera la libération des énergies dionysiennes qui revivifieront l'Allemagne. Le penseur écrit ainsi dans une lettre datée du 16 juillet 1870 : « toute notre civilisation, râpée jusqu'à la corde, se précipite entre les bras du plus terrible démon[249] ». Le démon dont il est question ici n'est pas la France, mais bien l'énergie dionysienne qui s'exprime à travers le monstrueux « génie militaire[250] » et qui fait que « s'ouvrent les terribles abîmes de l'être[251] ». La guerre fait éclater l'esprit dionysien au grand jour et rend donc possible la rénovation de la culture allemande : elle la réveille grâce au sérieux dionysio-héraclitéen. Héraclite en effet exprime déjà l'idée que

[247] OPC II 1, p. 169, KSA 1, p. 334.
[248] *Id.,* p. 333.
[249] Corr. 2, p. 123, KSB 3, p. 130.
[250] KSA 1, p. 775.
[251] Corr. 2, p. 144, KSB 3, p. 154.

développe Schopenhauer, selon laquelle le monde représente l'unité des contraires[252]. L'hostilité, l'opposition entre les volontés individuelles sont nécessaires, même si elles n'ont d'influence que sur la vie des individus et non sur l'unité de la volonté du monde, sur l'Un-originel. Dans la préface de *L'État chez les Grecs*, Nietzsche réalise la fusion entre le monde dionysien et celui d'Héraclite. Le philologue reprend et remanie des éléments originairement destinés à *La Naissance de la tragédie* portant sur le rôle de la guerre en tant qu'élément vital dans la Grèce antique. Il associe la force vitale du dionysien à une pensée de la guerre comme origine[253]. La guerre introduit la possibilité d'une rupture radicale qui permet de transformer le cours de la vie et de changer la civilisation.

Il développe parallèlement, dans *La joute selon Homère* qu'il rédige pendant la même période, des réflexions similaires qui permettent d'expliquer le rapport guerrier qui oppose, dans un premier temps, la culture grecque aux cultures étrangères. Cette réflexion lui est inspirée par Burckhardt qui lui indique le caractère agonal propre à la culture grecque. La joute constitue en effet, dans cette culture, un élément essentiel que Nietzsche utilise pour illustrer la réunion du dionysien et de l'apollinien. La cruauté guerrière archaïque, ses abîmes de haine, tels qu'ils s'expriment dans l'épopée homérique, sont ritualisés dans l'acte de la joute auquel se livrent les Grecs. L'hostilité, l'esprit de rivalité, de concurrence permettent aux hommes et aux civilisations de progresser. C'est pourquoi cette pratique apparaît dans de nombreux domaines de la vie sociale : elle est présente en politique, en société ou encore dans le domaine artistique. La compétition constitue une forme sublimée du combat. Nietzsche en prend pour exemple la seconde Éris du poème didactique d'Hésiode *Les travaux et les jours* : « le

[252] Héraclite affirme que tout ce qui sépare s'unit et que partout on voit des « accords de tensions inverses, comme dans l'arc et la lyre », Hippolyte, 1988, IX, 9, 2, Fragm 51.

[253] Héraclite définit la guerre, la confrontation, comme le « père de tout », Hippolyte, 1988, IX, 9, 4, Fragm. 53 (Burnet, 1952).

voisin rivalise avec le voisin[254] ». La joute est un principe éducatif :

> « Tout doit nécessairement s'épanouir dans la lutte, ainsi le veut la pédagogie populaire grecque ; les éducateurs modernes, au contraire, ne craignent rien tant que le déchaînement de ce qu'ils appellent l'ambition[255]. »

Le dionysien n'est pas seulement le processus menaçant des instincts déchaînés, de la volonté primitive, il est également l'élément essentiel sur lequel reposent la vie et la culture. L'énergie dionysienne doit se perpétuer puisque, sur le plan culturel, elle constitue l'impulsion créatrice que l'apollinien se contente d'ordonner. Le dionysien sous-tend toute création culturelle. Les civilisations subliment ces énergies destructrices en créant des institutions, des rituels, des symboles qui, tout en établissant une distance, se nourrissent de la puissance de la vie. Le dionysien est l'élément fécond qui permet le renouveau culturel des civilisations. Il est celui qui, après avoir déferlé sur le monde tel un feu dévastateur, permet aux hommes, sur le sol vierge et riche « de semer et de faire lever partout des germes pour faire éclore [...] les floraisons lumineuses du génie[256] ». Il existe un lien fondamental entre « le champ de bataille et l'œuvre d'art[257] ». Ainsi, de même que sur le plan individuel l'esprit de compétition permet la progression des deux compétiteurs, la confrontation d'une civilisation avec des éléments étrangers, issus d'autres cultures, lui permet de s'enrichir et de s'affirmer. C'est pourquoi il est parfaitement légitime que les Grecs se mesurent dans un premier temps à des éléments nouveaux et rivalisent avec eux. Cette joute, qui permet aux énergies dionysiennes de s'exprimer, est nécessaire pour que, par la suite, avec le retour de l'apollinien, la sélection des éléments les plus aptes et leur organisation permettent de

---

[254] OPC I 2, p. 195.
[255] *Id.*, p. 197.
[256] OPC I 1, p. 418, KSA 7, p. 344.
[257] *Ibid.*

constituer la civilisation à venir. Ainsi seulement la culture grecque peut-elle réellement devenir ce qu'elle est[258]. La joute, qu'elle soit comprise au sens propre ou au sens figuré, est un moyen de se découvrir soi-même et de créer son identité. Ce n'est donc que dans un deuxième temps que la culture grecque peut décider des éléments dont elle a besoin pour s'enrichir. Une fois la phase de rivalité dépassée, l'intégration des éléments étrangers dans la culture grecque peut avoir lieu.

Pour la Grèce antique, les apports culturels, une fois retenus, organisés et intégrés, ne constituent plus des éléments étrangers. Ils lui deviennent propres et participent à son mouvement général. La civilisation hellénique prélève aux éléments extérieurs ce qui lui est utile, de la même façon qu'un organisme utilise des nutriments pour son développement. Cette parabole peut également s'appliquer au projet de renaissance de la culture allemande que défend Nietzsche. Il s'agit en effet de créer une nouvelle culture qui, tout en conservant les éléments apolliniens rationnels et organisateurs qui caractérisent la modernité, se nourrit de l'esprit dionysien puisé dans les textes de la Grèce antique. Ainsi, grâce à la réunion et à la réconciliation de ces deux éléments, peut apparaître le « Socrate musicien[259] ». Cette analogie entre le présent et la Grèce antique souligne le rôle éducateur que doit jouer l'Antiquité grecque dans le renouveau de la culture allemande.

Rome travestit la culture grecque

La Rome antique est présentée par Nietzsche, à l'époque bâloise, comme artificielle. Si elle s'enrichit des cultures étrangères, elle les utilise comme une parure qui, au lieu de l'embellir, n'est pas intégrée et reste plaquée. Or cette conception latine de l'art a des conséquences sur les époques

---

[258] De même que l'individu réalise ses potentialités grâce à l'éducation qu'il reçoit, une civilisation ne peut révéler tout son potentiel qu'en acceptant les éléments étrangers qui correspondent à son caractère. C'est ainsi qu'elle se complète, qu'elle devient entièrement qui elle est.

[259] OPC I 1, p. 109.

ultérieures. Nietzsche, dans des fragments datant de 1872 et de 1873, affirme qu'il est difficile, d'un point de vue heuristique, d'étudier les Grecs sans passer par la vision qu'en laissent les Romains qu'il accuse d'être responsables de l'idée fausse selon laquelle la culture grecque serait elle-même décorative. C'est pourquoi il dénonce « l'attitude des Romains envers la civilisation grecque. Leurs jugements sur elle[260] ». Selon lui, « c'est d'eux que provient la *manière décorative dans la civilisation*[261] ». Leur goût pour l'artifice et leur interprétation de la culture grecque la dénature dans les écrits qui lui sont ultérieurs. Nietzsche estime donc qu'il est essentiel d'étudier comme tel le point de vue des Romains sur les Grecs. Ses conclusions sont univoques :

> « Même l'art hellénique fut longtemps compris à la manière latine, je veux dire comme les Romains l'ont compris : à des fins décoratives, utilisable à volonté, une serre en comparaison avec la forêt[262]. »

Ainsi, non seulement les Romains véhiculent une fausse idée de la Grèce en la romanisant, mais l'usage qu'ils font des textes grecs n'est que purement artificiel. S'il est vrai que les auteurs latins s'emparent des textes grecs et les remanient, ils les réduisent à l'état d'ornements dénués de sens et d'intérêt au lieu de leur donner une nouvelle essence. Nietzsche, au début de l'année 1874, dénonce la culture latine comme étant une culture de la forme qui sert à cacher le contenu. Il s'agit de vider les textes grecs de leur substance pour les utiliser à des fins purement ornementales : « essentiel pour la culture romaine : la séparation de la 'forme' ; le 'contenu' est caché ou recouvert par elle comme d'un vernis[263] ».

---

[260] OPC II 1, Fragm. 29 [168], p. 429.
[261].OPC II 1, Fragm. 29 [168], p. 429.
[262] OPC II 1, Fragm. 19 [291], p. 259.
[263] OPC II 2, Fragm. 32 [2], p 174, KSA 7, p. 754.

Nietzsche critique la civilisation latine car, si une culture n'est que « décoration de la vie[264] », elle constitue « une manière de la travestir et de la déformer[265] ». Il affirme : « toute parure en effet cache l'objet paré[266] ».

Le rapport à la culture qu'ont les Romains et celui qu'ont les Allemands sont semblables. La conception décorative de la culture sur laquelle reposent ces deux civilisations permet d'établir un parallèle entre le rapport de la Rome antique aux textes grecs et le philistinisme qui sévit en Allemagne[267]. Cette analogie montre que, pour le philologue, l'éducation de l'Allemagne ne peut se faire, dans le domaine culturel, qu'en s'inspirant de l'exemple grec, et non de celui de la Rome antique.

Manque de sincérité de l'art latin

Le fait que Rome soit une civilisation de l'apparence, entraîne, selon Nietzsche, une absence de sincérité dans l'art latin. Le penseur dénonce, dans sa deuxième considération inactuelle – comme il l'avait critiqué à propos du style allemand dans sa première considération inactuelle –, le manque d'unité de ton qui caractérise le style latin. Ce dernier ne parvient pas à lier réellement les différents éléments de la culture latine. La pensée ne constitue pas une unité avec l'apparence, comme c'est le cas dans l'art grec. Là où la Grèce est viscéralement artistique, Rome n'est qu'artifice[268]. Nietsche fait apparaître clairement cette différence fondamentale entre la culture grecque et latine dans un fragment écrit pendant l'hiver 1872-1873 :

---

[264] *Ibid.*

[265] *Ibid.*

[266] OPC II 1, p. 169, KSA 1, p. 334.

[267] Ce phénomène est observable au niveau de l'institution d'éducation néo-humaniste qui prétend transmettre l'esprit antique.

[268] C'est là l'opposition entre *künstlich*, artificiel, et *künstlerisch*, artistique.

« Il y a deux sortes de civilisation, la civilisation hellénique et la civilisation romaine : la première est une formation naturelle, dont tous les membres et toutes les figures produisent continuellement et comme par jeu la forme essentielle, de sorte que cette formidable diversité se simplifie pour l'œil qui la contemple ; la seconde est une convention, une noble décoration, utilisant des formes empruntées et peut-être incomprises, mais réinterprétées dans le langage de la luxuriance, de la somptuosité et de l'ornementation[269]. »

Le manque de profondeur et de réel caractère de la civilisation romaine est incarné, selon Nietzsche, par Cicéron. C'est ce que le jeune professeur de philologie classique laisse entendre dans des fragments qui constituent, comme il l'affirme à son ami Gersdorff dans sa lettre du 11 février 1874, un projet d'essai sur Cicéron et la conception latine de la civilisation. L'homme politique romain est déjà au cœur de la critique de Nietzsche alors qu'il est élève à Pforta. Pour une de ses dissertations[270], rédigée en latin, en 1862, sur le sujet « quelles raisons poussèrent Cicéron à partir en exil ? », le lycéen obtient, grâce à sa critique de l'orateur romain, la meilleure note que le professeur Steinhart ait donnée depuis des années[271]. Le but de son travail est d'« examiner le tempérament et la personnalité morale de Cicéron[272] ». Le jeune homme, qui s'appuie certes sur la thèse du Professeur Drumann[273] [274], évoquant la couardise, l'irritabilité et l'égoïsme de l'orateur latin, exprime clairement sa position personnelle sur Cicéron, comme le montre la dernière phrase de son travail : « vrai ou faux, qu'il

---

[269] OPC II 1, Fragm. 24 [11] p. 305.
[270] BAW 2, pp. 43-53.
[271] Il annonce dans une lettre à sa mère, datée de juin 1862, qu'il a obtenu 1 à cette dissertation.
[272] BAW 2, p. 52.
[273] Drumann décrit en effet lui aussi comme traits de caractères principaux de Cicéron sa couardise, son irritabilité et son égoïsme. 1964, vol. 6, p. 369.
[274] BAW 2, p. 53.

me soit toujours permis de déclarer ce que je pense[275] ». Il affirme pouvoir discerner la personnalité de Cicéron à travers les lettres que ce dernier envoie depuis l'exil à son ami Atticus et à son épouse Terentia. L'orateur romain y apparaît « irrésolu, hésitant[276] ». Nietzsche critique l'« extrême mollesse de conscience[277] » de cet « exilé à l'esprit troublé[278] » qui « ne redoute rien davantage que le reproche déshonorant de lâcheté, et comme tous les lâches [...] évite avec le plus grand soin de paraître avoir peur[279] ». Sa description de Cicéron est négative. Il juge que c'est un homme « dépourvu de toutes les qualités, l'art de commander, l'audace, la fermeté[280] ». Il n'a « ni sens du juste et du vrai, ni perspicacité naturelle, ni impartialité de jugement[281] ». Cicéron s'exile, selon le lycéen, parce qu'en raison de sa faiblesse de caractère, il craint les dangers d'une confrontation. La personnalité de Cicéron ainsi que son style, que critique également Nietzsche, illustrent parfaitement « le contraste entre les Grecs et les Romains[282] ». Son manque de force et de volonté en fait une figure qui personnifie les travers de la civilisation latine. Et c'est pour cette raison que la dissertation latine que Nietzsche rédige sur lui témoigne d'un style volontairement très différent de celui de l'orateur romain. Le jeune homme y met en pratique ses idées sur le sérieux et la sobriété de la langue latine qui doivent servir de modèle pour éduquer et améliorer la langue allemande. Son style se caractérise ainsi par une netteté, une *perspicuitas*, qui rappelle celui de César dont Nietzsche fait l'éloge dans ce devoir, et par une tendance à la dissymétrie inspirée par Salluste.

Si le style que recherche le lycéen est donc loin d'être d'influence cicéronienne, c'est que l'orateur romain est à ses

---

275 *Ibid.*
276 *Id.*, p. 45.
277 *Id*, p. 46.
278 *Id*, p. 47.
279 .BAW 2, p. 47.
280 *Id.*, p. 51.
281 *Id.*, p. 52.
282 OPC II 2, Fragm. 3 [74], mars 1875.

yeux le représentant de la culture de l'artifice, de l'apparence, du purement décoratif qu'il critique. De plus, Nietzsche reproche à Cicéron de voiler sa subjectivité. Cette dernière disparaît sous le langage à la mode et sous les formules toutes faites. Ainsi le style de Cicéron est qualifié par le lycéen de pur conformisme au goût de son époque. L'homme et son écriture se caractérisent par un manque de « sincérité [283] [284] » : « Quelle vantardise dans les paroles ! Quelle vanité en réalité[285] ! ». Lorsque Nietzsche reprend dans sa dissertation les qualités habituellement louées de l'orateur, ce n'est que pour souligner la prétention de ce dernier :

> « Mais que dirai-je de son incroyable talent oratoire, de la force et de la fougue de son discours, de la richesse du vocabulaire, de l'abondance des traits d'esprit, des phrases d'une belle ordonnance, d'un poli achevé ? Il s'est déjà glorifié lui-même au point de ne laisser à la postérité que le soin de retrancher une petite part des éloges[286]. »

De même, cet homme à qui fait défaut toute force de caractère se vante, dans son discours pour Sestius, « avec une abondance oratoire, un style, une vigueur expressive remarquables, d'être le type accompli du courage et de l'autorité[287] ». Il est l'archétype de l'artiste romain qui masque ses idées sous le style de son temps et qui disparaît ainsi au profit d'« une manière et d'un style admis[288] ».

Alors que la Grèce apparaît comme la patrie d'une culture organique qui réunit dans son art les pulsions dionysiennes et apolliniennes et parvient à s'enrichir des apports étrangers sans

---

[283] KGW III 4, p. 372. Fragm. 32 [2].

[284] Du point de vue de sa personnalité comme de son style, Cicéron incarne tout ce que Nietzsche méprise. Il est en cela, de par sa personnalité, le pendant négatif de César et, de par son style, celui de Salluste.

[285] BAW 2, p. 47.

[286] *Id.,* p. 53.

[287] *Id.,* p. 51.

[288] KGW III 4, p. 372. Fragm. 32 [14].

perdre sa propre identité, Rome n'est bien souvent porteuse que d'une culture artificielle, concentrée uniquement sur la belle forme et qui, dans un but purement décoratif, plaque artificiellement les apports étrangers pour rester conforme au goût de son temps. Cette civilisation de l'apparence n'offre ni l'unité de style ni la sincérité propre à l'expression d'une réelle subjectivité.

Cependant, si Nietzsche critique, dans ses écrits de jeunesse et de l'époque bâloise, l'aspect superficiel de la culture latine par rapport à l'authenticité grecque, il n'en respecte pas moins le latin. La Grèce, par sa culture, et Rome, par la rigueur de sa langue, sont toutes deux pour l'Allemagne les modèles profondément éducateurs qui permettront son renouveau.

Quid de la culture latine ?

L'Empire romain destructeur de la Grèce antique

La tradition allemande considère principalement Rome comme la descendante de la Grèce antique. Or Nietzsche, dans ses écrits de jeunesse et de l'époque bâloise, accuse l'Antiquité latine d'être responsable de la destruction de l'Antiquité grecque. Sa vision de la Rome antique est en cela bien différente de celle de Winckelmann qui considère Rome comme étant, chronologiquement, l'héritière de la Grèce. Cette position s'explique en partie par le contexte politique dans lequel s'exprime Winckelmann. A son époque, la culture latine est la culture de référence dans les cours européennes, y compris allemandes. Cependant, l'identification entre l'élément latin et la culture française l'attire plutôt vers la Grèce : son goût pour l'Antiquité grecque est dû à une prise de distance par rapport à l'héritage latin. Il ne peut pourtant pas rompre totalement avec la romanité. Il met par conséquent en avant la démocratie grecque, par opposition au despotisme romain, ainsi que l'authenticité des œuvres d'art grecques, dont, selon lui, les œuvres latines ne seraient que des copies. Nietzsche est conscient que ce jugement de Winckelmann sur l'art latin est erroné, qu'il repose sur une méprise : les œuvres que voit celui-ci lors de ses voyages à Rome et celles qu'il croit être des œuvres grecques sont toutes, en réalité, des copies latines. Déjà, Burckhardt affirme dans ses cours magistraux *Sur l'étude de l'histoire*, auxquels Nietzsche assiste en 1870, que les études historiques ne devraient pas poser la question de l'origine, les images de l'histoire n'étant souvent que de simples constructions : ce qui semble être le commencement est en réalité un stade bien plus tardif[289]. Burckhardt se prononce contre la philosophie de l'histoire et sa recherche des origines historiques. Ces dernières s'inscrivent dans une perspective téléologique. C'est en ce sens que Nietzsche s'exclame : « où y

[289] Burckhardt, 1929, p. 4.

aurait-il eu des peuples autochtones[290] ? » Il affirme, dans la lignée de Burckhardt :

> « Les Grecs de Winckelmann et de Goethe, les Orientaux de V. Hugo, les personnages de l'Edda de Wagner, les Anglais du XIIIe siècle de W. Scott – un jour on découvrira toute cette comédie, tout était au-delà de toute mesure historiquement faux, mais – vrai en ce qui concerne la modernité[291]. »

Winckelmann est à un tournant où, sans pouvoir totalement se libérer du goût contemporain pour la romanité, il cherche à l'Allemagne un nouvel héritage antique. En cela, il annonce le rôle éducateur que Nietzsche accordera à l'Antiquité grecque.

Dans ses écrits de jeunesse et de l'époque bâloise, le rapport de Nietzsche à l'Antiquité latine est tout à fait différent de celui de Winckelmann et s'inscrit dans une tout autre lignée. Il ne s'agit pas pour lui de penser Rome comme l'héritière de la Grèce. L'Antiquité latine ne constitue aucunement un lien, une médiation entre la Grèce antique et le présent. En mettant en avant l'influence destructrice que Rome a sur la Grèce, Nietzsche s'inscrit dans la lignée de Herder[292]. Il souligne la responsabilité de la Rome antique dans l'effondrement de l'Antiquité et dans la disparition de l'esprit dionysien. Dans un fragment de 1875, il qualifie l'Antiquité grecque tardive de « romanisée, ayant perdue toutes ses nuances, devenue décorative[293] ». Rome représente l'agonie de l'esprit antique. Le penseur dénonce, en 1873, « l'attitude des Romains envers la civilisation grecque[294] ». Dans ses Notes sur *Nous autres philologues*, dans lesquelles, en 1875, il étudie « le contraste entre le grec et le romain[295] », il écrit :

---

[290] OPC II 2, p. 254, Fragm. 2 [5], KSA 8, p. 12.
[291] Cité par Bochmeyer et Salaquarda, 1994, vol. 2, p. 1025.
[292] Herder, 1989.
[293] KGW 4, 1, Fragm. 6 [14], été 1875.
[294] OPC II 1, Fragm. 29 [168], p. 429.
[295] Notes sur *Nous autres philologue,* 3 (74), KGW 4, 1, p. 111, KSA 8, p. 35, OPC II 2, p. 277.

> « Nous ne connaissons jusqu'à présent qu'une seule forme parfaite, la culture de la cité grecque, qui reposait sur ses fondements mythiques et sociaux, et une forme imparfaite, celle des Romains[296]. »

Nietzsche qualifie Rome, dans sa deuxième considération inactuelle, d'« Antiquité déclinante[297] ». Déjà en 1862, alors qu'il est lycéen, il écrit en latin : « les hommes de cette époque-là, du fait de la dégradation et de la dépravation de leurs mœurs, n'étaient plus dignes de la liberté acquise par les vertus de leurs ancêtres[298] ». Il voit en Rome une puissance dévastatrice de la Grèce antique ; ce qui implique une réelle opposition entre ces deux civilisations. Rome est, à ses yeux, l'abâtardissement de la Grèce.

Le jeune homme ne s'inscrit donc pas dans une perspective philologique ou herméneutique portant uniquement sur les époques historiques, mais bien au contraire dans une perspective philosophique déductive et systématique qui lui permet, dans une visée globale, de prendre en compte les différentes sortes de cultures pour permettre d'éduquer le présent. Il s'agit de mettre en pratique le savoir philologique dans la constitution d'une théorie culturelle. Une culture donnée peut créer une réelle relation avec une autre culture plus ancienne qu'elle se choisit. Nietzsche considère en ce sens que la formation d'une nouvelle culture dépend de la culture de référence. Selon lui, la Grèce antique apparaît comme la plus apte à éduquer la civilisation allemande.

Nietzsche, dans ses œuvres de jeunesse et de l'époque bâloise, malgré son admiration pour la langue et le style latins, est profondément philhellène. Sur le plan culturel, c'est sur la culture grecque que doit reposer la formation de la culture allemande à venir. Pour souligner la spécificité de l'image de

---

[296] Notes sur *Nous autres philologues*, 3 (76), KGW 4, 1, p. 114, OPC II 2, p. 279.
[297] OPC II 1, p. 145.
[298] BAW 2, p. 43.

l'Antiquité que développe Nietzsche alors qu'il est élève, étudiant et professeur de philologie, il convient d'étudier comment la conception du monde antique et de la culture du penseur évolue dans ses œuvres ultérieures, en raison de sa réflexion sur le christianisme. Il s'agit de définir si la dualité, qui domine dans ses écrits de jeunesse, subsiste dans ses œuvres ultérieures ou si elle laisse la place à une Antiquité plus unitaire.

L'Antiquité gréco-latine opposée au christianisme

Rome face à la Judée

L'opposition entre la Rome et la Grèce antiques comme types culturels, dans les écrits de 1858 à 1876, est remplacée, dans la pensée nietzschéenne ultérieure, par une nouvelle dualité entre l'Antiquité dans son ensemble et le christianisme.

La réflexion de Nietzsche sur le christianisme l'incite à concevoir une continuité de la culture antique, qui s'oppose à la rupture qu'il dénonce dans ses œuvres de jeunesse et de l'époque bâloise. Cette nouvelle conception de l'Antiquité réhabilite la Rome antique. Nietzsche conçoit désormais le combat de Rome contre le christianisme comme une lutte au nom des idéaux antiques. Pour que subsiste l'esprit antique, la puissance latine résiste à la morale chrétienne, elle s'inscrit alors dans la continuité de la Grèce.

Dans *Humain, trop humain*, Nietzsche qualifie les chrétiens de « barbare[s], asiatique[s], non-noble[s], non-grec[s][299] » : l'opposition entre le christianisme et les Grecs y domine donc encore. Pourtant, cet antagonisme entre le christianisme et

[299] *Humain, trop humain*, 1, 114, KGW 4, 2, p. 118.

l'Antiquité se déplace progressivement. Les Romains servent de plus en plus de modèles opposés aux errances du christianisme.

S'ils sont représentés, dans *Humain, trop humain*, comme des paysans superstitieux et obéissants, vivant « dans une perpétuelle angoisse de puissances malignes et capricieuses, d'esprits tourmenteurs[300] », à l'opposé des Grecs et de leur sérénité souveraine, dans *Aurore* et dans les écrits ultérieurs, ils sont désormais réhabilités. Ils apparaissent comme des esprits libres, aristocratiques et critiques, conformes à l'idéal antique que loue le penseur. Nietzsche, qui, dans ses écrits de jeunesse, se livrait à une critique amère de Rome, devient de plus en plus favorable à l'Antiquité latine. La lutte de Rome contre la chrétienté en fait même le centre de la culture antique. Les Romains, qui sont les premiers à combattre les chrétiens et à récuser leur religion comme la pire *superstitio*[301], deviennent les représentants de l'Antiquité tout entière. L'opposition entre le christianisme naissant et la civilisation latine donne à Rome le rôle de dernier rempart de l'Antiquité contre la perversion des valeurs, contre l'avènement des « non-valeurs[302] ». Cette « lutte[303] », ce combat à mort contre la décadence, cette « grande opposition des valeurs[304] » fait toute la grandeur de Rome. Si Nietzsche, alors qu'il est professeur, souligne les différences qui existent entre Rome et la Grèce, il met désormais la Rome antique face au christianisme qui lui est « diamétralement opposé[305] ».

Le christianisme comme maladie

L'affrontement essentiel est désormais celui de « Rome contre la Judée[306] ». C'est parce que la religion judéo-chrétienne s'oppose en tous points aux nobles valeurs de l'Antiquité, que

---

300 *Ibid.*
301 OPC IV Fragm. 3 [107], printemps 1880.
302 *L'Antéchrist*, 62.
303 *Généalogie de la morale*, 1, 16, RL II, p. 799.
304 *L'Antéchrist*, 37, KGW 6, 3, p. 207.
305 *Généalogie de la morale*, 1, 16, RL II, p. 799.
306 *Généalogie de la morale*, 1, 16, RL II, p. 799.

Nietzsche la considère comme la « souillure immortelle de l'humanité[307] ». C'est en ce sens qu'il cite la formule célèbre de Tacite dans les *Annales*, « odium generis humani[308] [309] ». Cette formule de l'historien latin peut certes faire référence aux atrocités que l'opinion populaire prête alors aux chrétiens, tels que l'inceste, les meurtres rituels et même le cannibalisme[310], mais elle reflète également l'isolement des chrétiens qui est dû à leur refus de participer à la vie quotidienne des païens, afin de sauvegarder la pureté de leur foi et l'austérité de leurs mœurs[311]. Cependant Nietzsche donne un sens tout autre à cette « haine contre tout le genre humain[312] » qui caractérise, selon lui, les chrétiens. L'aspect « contre-nature[313] » de la religion chrétienne vient du fait que les valeurs qu'elle revendique sont contraires à la vie. Elles en réduisent les élans premiers et constituent pour cette raison une « grande corruption intérieure[314] ». Les valeurs chrétiennes sont « un mépris de tous les bons et droits instincts[315] ». Elles éradiquent « tout espoir dans la vie[316] » et représentent une « volonté de négation de toute réalité[317] ». Par comparaison avec les valeurs morbides de la religion chrétienne, la Rome antique apparaît alors comme la représentante de la santé, de la vivacité antique. Elle personnifie, dans ces écrits, le respect antique des forces vitales. Elle incarne « la santé, la beauté, la qualité, la bravoure,

---

[307] *L'Antéchrist*, 62.
[308] Tacite, *Annales*, 1998.
[309] OPC 4, Fragm. 6 [47], [143], [299].
[310] Nietzsche évoque lui-même le topos des chrétiens suceurs de sang, qui fait référence à l'accusation d'anthropophagie que portaient les premiers opposants païens à propos de la communion, lorsqu'il qualifie le christianisme de « vampire de *l'Imperium Romanum* » dans l'*Antéchrist* 58, KGW 6, 3, p. 243.
[311] Zeller, 1891, p. 356 *sq*.
[312] *Généalogie de la morale*, 1, 16, RL, p. 799.
[313] *Ibid*.
[314] *L'Antéchrist*, 62.
[315] *Ibid*.
[316] *Ibid*.
[317] *L'Antéchrist*, 62.

l'esprit[318] ». La Rome antique est à l'image de « la vie même[319] ». Cet antagonisme entre Rome et la Judée est au centre de la *Généalogie de la morale*. Nietzsche s'y livre à une apologie des Romains qui sont présentés comme « les forts et les nobles, ils l'étaient à un point que jamais jusqu'à présent sur terre il n'y a eu plus fort et plus noble, même en rêve[320] ».

Christianisme contre vertus latines

La nature aristocratique de la pensée latine exalte la force et s'oppose aux valeurs plébéiennes chrétiennes. Dans ce domaine également, les chrétiens interprètent les vertus latines et les vident de toute leur énergie vitale. Ils pervertissent ainsi, selon Nietzsche, l'*humanitas* latine. Cette notion est loin de se limiter à la définition de la sophistication sociale de la civilisation latine. Elle exprime avant tout cette capacité d'auto-dépassement perpétuelle qui est la qualité humaine la plus fondamentale. Elle seule permet aux individus de repousser leurs limites et de progresser sur la voie de la culture. C'est donc nier la nature humaine que de travestir cette valeur essentielle comme le fait la religion chrétienne. L'*humanitas* chrétienne, qui repose sur le concept de charité et d'amour de son prochain, n'est autre qu'une « contradiction de soi[321] ». Elle est bien éloignée de la vertu latine dont Nietzsche fait l'éloge : « à la meilleure époque de Rome, une action charitable n'est ni bonne ni mauvaise, ni morale ni immorale[322] ». L'esprit antique, tel qu'il existe encore sous l'Empire romain, repose sur un fort scepticisme et une grande tolérance qui l'oppose en tout point au christianisme. L'idée de vérité supérieure, dans laquelle les chrétiens ont foi, est étrangère aux Romains[323]. Ainsi Nietzsche, au printemps 1884, cite la définition de la vérité que donne

---

318 *Ibid.*
319 *Ibid.*
320 *Généalogie de la morale*, 1, 16, RL II, p. 799.
321 *L'Antéchrist*, 62.
322 *Par-delà le bien et le mal*, p.201.
323 *Id.*, p. 46

Pilate à Jésus : « c'est la plus grande urbanité de tous les temps[324] ». La conception du procurateur de Judée est, selon le penseur, conforme à l'esprit antique : « la réplique du Romain est digne de Rome[325] ». Nietzsche, alors qu'il considère la morale chrétienne comme une morale servile, fait l'éloge, dans l'*Antéchrist*, de la morale latine, de la « *superbia* de l'esprit bien portant[326] ». Il critique le fait que les Allemands aient ce sens de l'obéissance, qui caractérise les chrétiens et qui est contraire à l'esprit antique. Il oppose, dans *Aurore*, la liberté et l'esprit critique, valeurs que partagent les Grecs et les Romains, à l'attitude de soumission des Allemands face à l'autorité. Il loue ce

> « sentiment méridional de se garder de la 'confiance absolue' et de conserver dans le dernier réduit de leur cœur un léger scepticisme envers tout un chacun, fût-il dieu, homme ou concept[327] ».

Ce qui qualifie, selon lui, le philosophe antique, c'est sa faculté d'affirmer : « nil admirari[328] [329] ». Cette maxime, attribuée par Plutarque à Pythagore et qui signifie « ne s'étonner de rien » est reprise par Horace dans l'incipit de sa sixième *Épître*. Elle reflète l'attitude que prône la philosophie grecque. Il s'agit de rester indifférent face à « l'instant[330] ». Nietzsche utilise la formule antique dans un double sens, puisque le verbe latin peut également signifier admirer. Cette expression lui permet ainsi de critiquer, en l'opposant à la

---

[324] OPC 10, Fragm. 25 [338].
[325] *Ibid.*
[326] *L'Antéchrist*, 52.
[327] *Aurore*, 207.
[328] *Ibid.*
[329] Il faut remarquer que Nietzsche souligne sa prise de position en faveur des principes philosophiques antiques contre la morale chrétienne en exprimant la notion centrale de « nil admirari » dans la langue d'Horace. Les citations et locutions latines qu'utilise Nietzsche servent toujours à souligner l'importance de son propos, tout en le condensant.
[330] *Richard Wagner à Bayreuth* (6), OPC II 2, p. 126.

philosophie antique, le principe d'obéissance à une autorité personnelle si cher, selon lui, aux Allemands et qui trouve son origine dans la morale chrétienne. La philosophie antique et la morale chrétienne reposent donc sur des principes radicalement opposés.

Continuité de la Grèce et de la Rome antiques

Dans la lutte contre le christianisme, l'Antiquité apparaît comme unifiée. Rome et la Grèce, réunies dans l'*Imperium Romanum*, forment le rempart de la « culture antique[331] », de « la prédominance des instincts joyeux[332] ». Elles représentent toutes deux l'esprit antique,

> « la volonté d'un avenir humain, le grand 'oui' à tout, tout cela visible dans l'*Imperium Romanum*, visible et perceptible à tous les sens, le grand style, non plus seulement en art, mais devenu réalité, vérité, vie[333]... »

C'est en ce sens que Mark Boulby affirme que la conception de l'*Imperium Romanum* que se fait Nietzsche s'oppose, contrairement à ce qu'affirme Rehm[334], à l'idée même de décadence progressive de l'Antiquité. Selon Boulby, Nietzsche met en avant une vision de l'autoréalisation d'une culture, en l'occurrence celle de la culture latine, grâce à sa capacité d'intégration culturelle des héritages grecs[335] [336]. Cette conception d'une continuité entre la Grèce et la Rome antiques s'inscrit dans la lignée de celle de Winckelmann. En effet, la tradition allemande des philhellènes rêve bien souvent de la Grèce via Rome. C'est ainsi que Winckelmann écrit dans une

---

331 *L'Antéchrist*, 60, KGW 6, 3, p. 247.
332 *Crépuscule des idoles*, KGW 6, 3, p. 133.
333 *L'Antéchrist*, 58-59.
334 Rehm, 1969, pp. 137-141. Selon Rehm, la décadence progressive de l'Antiquité est au cœur de la conception nietzschéenne de la Rome antique.
335 Boulby, 1976, p. 226.
336 Cela s'oppose donc à ce que Nietzsche décrit dans ses écrits de jeunesse et de l'époque bâloise.

lettre à Volksmann datée du 3 mars 1762 : « Rome est devenue ma patrie[337] ». Rome apparaît comme l'héritière de la Grèce antique. Or la religion chrétienne est responsable du déclin de « cet admirable chef-d'œuvre[338] » : « du jour au lendemain, ce n'était plus qu'un souvenir !...Grecs ! Romains[339] ! », « tout cela en vain[340] ! ». Ainsi, l'avènement du christianisme ne constitue pas uniquement, selon Nietzsche, la fin de Rome, mais bien celle de l'Antiquité tout entière.

L'*Imperium* : somme de la Grèce et de Rome

Si l'opposition entre Rome et la Grèce est au cœur de ses écrits de jeunesse et de l'époque bâloise, Nietzsche, dans ses écrits ultérieurs, favorise l'idée d'une *translatio*, d'une diffusion, d'une transmission, d'un partage de la culture d'une civilisation à l'autre, dans laquelle la traduction joue un rôle de première importance. L'idée de transfert, de continuité remplace donc la conception d'une opposition entre l'Antiquité latine et l'Antiquité grecque. Alors que Nietzsche, dans la première phase de sa réflexion, considère que « la *vraie* culture[341] » de l'Antiquité grecque est le contraire de la « civilisation alexandrine-romaine[342] » corrompue, il les réunit dans ses œuvres ultérieures. A l'opposition entre les deux grandes civilisations antiques succède le contraste entre le monde moderne et l'Antiquité gréco-latine. La Rome et la Grèce antique constituent ensemble la « forme d'organisation [...] la plus grandiose jamais atteinte jusque là, et en comparaison de quoi tout ce qui précède, tout ce qui suit, n'est qu'inachevé, bâclé, dilettante[343] ». Elles représentent un vivier dans lequel les âmes fortes peuvent se réaliser. Ainsi, Nietzsche

---

[337] Mantion, 1991, pp. 125-216.
[338] *L'Antéchrist*, 58-59, RL II, p. 1099.
[339] *Ibid.*
[340] *Ibid.*
[341] OPC II 1, p. 169.
[342] OPC II 2, Fragm. 5[47], printemps-été 1875.
[343] *L'Antéchrist*, 58, KSA 6, p. 255.

considère Jules César comme le type accompli de l'homme antique[344]. Déjà, dans une dissertation de 1862, le jeune philhellène fait l'éloge du brillant général romain en le confrontant à Cicéron, qui représente pour lui la décadence de la Rome antique. Le lycéen considère César comme une figure antique qui « mérite d'être loué[e][345] ». Ainsi le Romain,

> « en s'élevant jusqu'au faîte de sa puissance, malgré les vicissitudes et assurément les dangers des temps, restait inébranlable, jusqu'à sa mort, dans ses projets et ses méthodes, avec l'énergie et la constance qui sont les siennes[346] ».

César, en tant qu'homme exceptionnel[347], symbolise la force de l'esprit antique qui perdure à travers le temps. La Rome antique ne représente donc pas pour Nietzsche une puissance historique. Lorsqu'il en fait l'éloge c'est en tant que symbole d'une éthique préchrétienne de la vie et de l'art qui doit être propagée en Allemagne grâce à l'inversion des valeurs.

L'étude de l'intertextualité dans les œuvres ultérieures de Nietzsche, en particulier dans le *Crépuscule des idoles* et *Ecce homo*, montre bien le rôle que joue l'élément latin dans la formation de la réflexion du penseur sur la philosophie de l'avenir et le renversement des valeurs. Ainsi les références à Horace et à Salluste, qui sont nombreuses dans les œuvres les plus tardives, sont la preuve que Nietzsche se livre à une autoréflexion littéraire et qu'il se construit lui-même en rapport avec les auteurs latins. L'ironie et les sous-entendus dans l'usage que fait Nietzsche de ces références soulignent, en tant qu'allusion à l'utilisation de textes anciens dans les écrits

---

[344] *Crépuscule des idoles*, 38 et 31, KGW 6, 3, p. 133.

[345] BAW 2, p. 50.

[346] *Ibid.*

[347] L'éloge de César fait par le lycéen est accompagné d'une justification de la tyrannie lorsque celle-ci sert à prendre le pouvoir par la guerre, la violence et la terreur pour rétablir par la force les lois et la vertu. Dans ce cas, le tyran n'est plus, selon Nietzsche, un tyran : il doit être considéré comme un grand homme.

nietzschéens, le principe d'appropriation de la tradition culturelle. Rome participe ainsi pleinement, dans les années 1880, à la pensée du philosophe sur l'inversion des valeurs. La civilisation romaine représente l'idéal antique détruit par le christianisme et vers lequel il faut que la modernité se tourne pour comprendre la nécessité d'un renversement des valeurs. La somme de l'Antiquité grecque et de l'Antiquité latine réunies au sein de l'*Imperium Romanum* constitue, comme l'affirme Nietzsche dans l'*Antéchrist*, les « écoles[348] » au sein desquelles les hommes modernes doivent se former.

Pour les Romains de la vieille école, contre la décadence

La majorité des œuvres ultérieures de Nietzsche fait de Rome la dernière barrière de l'Antiquité contre le christianisme et l'inscrit dans la continuité de la Grèce dont Nietzsche fait l'éloge. Cependant, l'opposition entre les deux civilisations antiques refait surface par instants.

La réflexion de Nietzsche sur le lien entre Rome et la Grèce évolue donc et porte sur le rapport entre la Rome antique et le développement du christianisme. Dans ce contexte, la critique de la civilisation latine ne disparaît pourtant pas totalement. Dans certains écrits ultérieurs, Nietzsche rend en effet la Rome antique responsable de l'avènement du christianisme. Cette idée inscrit ces écrits plus tardifs dans la continuité de la réflexion de l'élève, de l'étudiant et du professeur sur l'opposition entre la Grèce et la Rome antique. Alors que dans *Humain, trop humain*, Nietzsche s'appuie sur la thèse courante selon laquelle le christianisme serait responsable de la chute de Rome et de la décadence de la culture latine, dans des écrits plus tardifs, il dénonce le rôle joué par Rome dans son propre effondrement.

[348] *L'Antéchrist*, 59.

Le déclin de la culture latine a précédé et rendu possible l'avènement du christianisme :

> « La dégénérescence des souverains et des classes souveraines a provoqué le plus grand désordre de l'histoire ! Sans les Césars romains et la société romaine, la folie du christianisme ne serait jamais parvenue au pouvoir[349]. »

La civilisation romaine et la culture de la décadence qu'elle prône sont donc à l'origine de son propre déclin. Selon Nietzsche, « les Romains portent la responsabilité du *plus grand malheur* qui ait jusqu'ici frappé l'Europe[350] ».

Dans les écrits rédigés après 1876, se trouvent deux images opposées de la Rome antique. La conception de Nietzsche de l'Antiquité latine y est plus ambiguë que dans ses œuvres de jeunesse ou de l'époque bâloise. Le penseur oscille entre deux visions de Rome : soit il critique cette dernière en soulignant l'analogie entre l'Antiquité latine et la décadence moderne, soit il fait l'éloge de la monumentalité de la Rome antique, qui se caractérise par sa grandeur dans la durée.

D'une part, il y a la Rome qui prolonge l'esprit antique et s'inscrit dans la continuité des Grecs. Il s'agit des « Romains de la vieille école[351] », de ces combattants vitaux, avides de duels[352] qui font perdurer l'esprit aristocratique. C'est en référence à cette Rome glorieuse, que Nietzsche prend plaisir, alors que l'orchestre de Turin joue sous ses fenêtres en 1888, à s'imaginer en « César des Césars[353] ». C'est la langue de ces auteurs latins que Nietzsche admire dans ses premiers écrits.

D'autre part, il y a la Rome que, depuis ses premières œuvres, il critique : celle qui trahit l'esprit antique. Il s'agit de la Rome de l'Empire, de la Rome des superstitions, qui n'a plus

---

349 OPC 10, Fragm. 25 [344].
350. *Ibid.*
351 *Aurore* 9, KGW 5, 1, p. 19.
352 *Généalogie de la morale* 1, 5.
353 Projet de lettre à H. Köselitz, daté du 30 décembre 1888.

de romain que le nom. Elle se caractérise par « le carnaval cosmopolite des dieux, des coutumes[354] », par ses « cultes souterrains[355] ». Ce sont les Romains que décrit Juvénal, des bouffons efféminés que le luxe a conduits à leur perte. Ainsi l'auteur du Bas-Empire affirme à leur propos qu'« il est difficile de ne pas écrire de satire[356] ». Ils ont « une âme asservie, une sensualité de vieillards[357] ». Cette Rome ridiculise l'Antiquité. Elle constitue une préparation au christianisme et ressemble, selon Nietzsche, beaucoup à l'Allemagne de son époque. C'est cette Rome qui sacrifie l'Antiquité, qui l'anéantit et la livre au christianisme. La religion chrétienne constitue donc en cela « le dernier édifice romain[358] ».

L'Antiquité grecque et latine restent le thème récurrent des réflexions de Nietzsche depuis qu'il est lycéen. La comparaison des œuvres de jeunesse et de l'époque bâloise avec ses écrits plus tardifs montre que la position du penseur est plus tranchée lorsqu'il est dans l'institution d'éducation. Rome et la Grèce représentent alors deux types de civilisations et de cultures. Nietzsche, malgré son amour de la langue latine et du style des auteurs latins, se montre, avant tout, philhellène. Si, pour lui, la formation de la langue et du style allemand doit passer par l'apprentissage et l'imitation du style latin, la culture allemande doit prendre l'Antiquité grecque comme modèle. Cette hellénomanie s'exprime bien souvent contre la Rome antique. Cependant, si la critique de Rome persiste dans les œuvres ultérieures, elle devient plus nuancée. La particularité des œuvres plus précoces est donc d'être moins ambiguës. Elles répartissent clairement les rôles respectifs de l'Antiquité grecque et de l'Antiquité latine dans la formation de la culture allemande à venir. Il serait par conséquent erroné de considérer

---

[354] *Considérations inactuelles* 2, 5.
[355] *L'Antéchrist*, 37.
[356] Juvénal, *Satires*, I-30
[357] *Humain, trop humain*, II 1, 224.
[358] *Le Gai savoir*, 358. KGW 5, 2, p. 284.

Nietzsche, comme le fait Cancik, uniquement comme un philhellène « qui a dit bien peu de choses sur nos vieux Romains[359] » et pour qui « Rome joue un rôle réduit[360] ». Il s'agit au contraire, pour Nietzsche, de montrer, par la comparaison entre les Antiquités grecque et latine, que ce sont bien deux modèles culturels. Ainsi seule « l'exaltante vision globale de l'Antiquité[361] » peut réaliser son potentiel éducateur.

[359] Cancik, 1995b, p. 153.
[360] *Id.*, p. 3.
[361] Lettre du 6 avril 1867 à Carl von Gersdorff.

Conclusion

> « Je ne connais de plus haute fin à m'assigner que d'être un jour, de manière ou d'autre, un 'éducateur' au sens le plus large du terme. »
>
> Friedrich Nietzsche,
> *Lettre à Emma Guerrieri-Gonzaga*,
> 10 mai 1874.

L'analyse des écrits de jeunesse de Nietzsche a permis de définir et de délimiter l'influence que l'enseignement et la formation ont, selon lui, sur les jeunes esprits. L'éducation doit permettre leur enrichissement, développer leur sens critique : le concept primordial de l'éducateur prend alors forme. L'enseignant ne sait que transmettre ses savoirs, qu'imposer ses connaissances. L'éducateur fera s'éveiller les esprits, se révéler les capacités, les qualités, les inclinations. Il guidera la réflexion, élargira son horizon pour mieux la laisser s'y déployer. Il encouragera l'affirmation de la personnalité et orientera l'individu vers l'objectif suprême : devenir celui qu'il est. Prenant comme exemple sa propre expérience qui, à la fois, suscite, détermine et conforte sa pensée, Nietzsche reconnaît aux établissements qu'il a fréquentés pendant ses études le mérite de l'avoir aidé à trouver sa vocation d'enseignant et à la développer. Cette conception de l'éducation en tant que révélateur est fondamentale. Car, au-delà de l'individu, c'est, avec infiniment plus d'ampleur, le même processus qui se déroule : l'impulsion des grands hommes, l'exemple du passé, le contact des autres civilisations permettent, comme autant d'éléments éducateurs, à la culture de tout un peuple de se découvrir, de s'enrichir, de s'épanouir.

Cependant, Nietzsche n'occulte pas certains aspects du pouvoir qu'exerce l'éducation : dans les œuvres de jeunesse, la pensée nietzschéenne s'affine sans cesse, se fait toujours plus pertinente. Ainsi, le jeune homme met en garde contre l'influence de l'éducation qui s'avère pernicieuse si l'enseignement se trouve sous l'emprise d'instances extérieures. Le contrôle exercé par l'Église ou l'État influence négativement les individus, bride leurs potentialités, étouffe leur vocation, les détourne de leurs centres d'intérêt et modifie irrémédiablement leur personnalité, les empêchant de devenir ceux qu'ils sont. Face à l'endoctrinement, un seul remède : la lucidité. Seule la prise de conscience de l'influence subie peut sauver l'individu. En gardant toujours une distance critique, il conserve sa liberté de pensée. Ainsi les organisations extrascolaires, dans lesquelles sont abordés librement des sujets délaissés par l'institution, lui permettent de garder son autonomie, l'introspection aussi : Nietzsche évoque les réunions de la Germania, petite association qu'il fonde à Pforta avec quelques uns de ses amis, la rédaction de ses autobiographies. En confrontant son point de vue à celui d'autrui, en aiguisant sa pensée pour mieux l'exposer aux autres, ou bien en réfléchissant à son passé et à l'éducation reçue, l'individu comprend qui il est, agit et envisage l'avenir en accord avec sa personnalité et conformément à ses potentialités. Tant que l'éducation reçue n'est pas satisfaisante et ne respecte pas l'individualité, l'auto-éducation, le retour analytique sur soi sont indispensables à l'individu s'il ne veut pas être détourné de ses buts véritables. De même, les civilisations doivent avoir recours à ce retour sur elles-mêmes et sur leur formation. Une approche généalogique permet, en observant le passé d'une culture, d'en percevoir la spécificité ainsi que les errements qu'il faut se garder de réitérer.

Influence de l'éducation ? Certes ! Et pourtant… La réflexion se nuance, va toujours plus profond. Nietzsche reconnaît que l'éducation, en fait, ne peut pas réellement changer les individus. Leurs potentialités sont en eux, à l'état latent, dès la naissance : elles sont prédéterminées. Le seul risque est qu'une éducation inadaptée laisse ces capacités enfouies et que les individus doués de grandes qualités, alors incapables de réaliser leur potentiel, soient perdus pour la civilisation et sombrent dans le désespoir.

Le futur pédagogue réfléchit aux méthodes les plus efficaces, prônant un enseignement stimulant. L'éducateur doit servir de modèle, motiver à l'action. Ainsi, pour Nietzsche, Schopenhauer a tenu le rôle de cet éducateur indispensable. Le philosophe encourage la réflexion de l'étudiant, lui donne, par ses ouvrages, l'opportunité de se découvrir en tant que penseur, l'incite à développer ses capacités, lui permet de devenir celui qu'il est. Si l'influence de l'éducation est bien indéniable, c'est en fonction de son rôle de révélateur, de stimulateur des potentialités de l'individu. De même, Nietzsche préconise une éducation stricte : les limites à la liberté de l'individu et à son autonomie, telles que celles imposées au jeune garçon à Pforta, ne sont nullement une entrave à l'épanouissement. Tout au contraire. Elles sont nécessaires pour que les individus, et tout particulièrement les individus d'exception, puissent, loin d'un laxisme qui les livrerait à eux-mêmes, développer au mieux leurs potentialités et se concentrer sur leur but. La formation achevée, le rôle de l'éducation s'arrête : son objectif ultime est dans son dépassement. C'est alors qu'il revient aux grandes figures de l'humanité de se libérer de l'éducation reçue pour accomplir, seules, le noble devoir qui est le leur : la création et la réalisation de la culture véritable. Telle est la conception de l'éducation à laquelle Nietzsche parvient en 1869, au terme de ses années d'études, à la veille de son entrée en fonction à l'université de Bâle.

L'étude du corpus de 1858 à 1876 permet également de définir les objectifs de l'éducation, selon Nietzsche, et de les comparer à la situation de l'institution d'éducation à son époque. Alors qu'il est enseignant, professeur de philologie classique au lycée et à l'université, son approche de l'enseignement est plus concrète : il juge si les établissements d'éducation allemands ont les qualités requises pour permettre la réalisation des individus.

L'objectif premier, le plus noble de l'éducation, est le renouveau culturel de l'Allemagne. Pour cela, le système éducatif devra permettre la réalisation des seuls individus aptes à promouvoir une authentique culture allemande. C'est ici une conception élitiste de l'éducation, qui repose non sur des critères sociaux mais uniquement sur la spécificité des capacités innées des individus. L'éducation sera adaptée au potentiel de chacun : différents types d'établissements d'enseignement coexisteront nécessairement et l'enseignement pratique et technique, utile à la société, n'est nullement remis en cause. Cependant, les préoccupations du jeune professeur étant d'ordre éminemment culturel, l'objet de sa réflexion est essentiellement l'éducation des êtres d'exception.

Fort de son expérience personnelle et de son enthousiasme, Nietzsche précise les moyens éducatifs dont disposeront les établissements de culture, les écoles de l'avenir destinées aux génies. A la transmission des connaissances et des savoirs s'ajouteront, désormais, les études d'exemples, la présentation de modèles pour inspirer les futures grandes figures de l'humanité. Plus d'enseignants mais des éducateurs qui les encourageront, les stimuleront, leur montreront le chemin vers la réalisation. De tels guides n'existent pas encore, la première génération d'éducateurs se formera donc elle-même. Le jeune professeur lui-même contribue à combler ce déficit : par ses conférences et ses écrits, il tient le rôle d'un éducateur.

Si Nietzsche se donne pour mission de concevoir « l'école de l'avenir[362] », c'est qu'il est profondément déçu par l'institution et la « pseudo-culture[363] » qu'elle induit. Constatant l'incapacité du système éducatif existant à proposer un

[362] KSA 7, p. 255.
[363] N 97, 101.

enseignement au service des génies et de la culture, il s'attache à en analyser les causes. L'échec du système est dû à deux principes étroitement liés : l'élargissement et l'affaiblissement de l'enseignement. L'augmentation du nombre d'individus auxquels est destinée l'éducation, dans la seconde moitié du XIXe siècle, implique une baisse du niveau de ces enseignements, qui ne sont pas adaptés au très petit nombre d'individus d'exception. Un tel système se contente de former des individus obéissants et malléables pour assurer la stabilité sociale et de leur inculquer une « pseudo-culture[364] » à la gloire de l'État, culture rapide, assimilable par tous, très pauvre en contenus.

Nietzsche se livre à une critique vive et systématique des types d'établissements d'enseignement allemands : aucun d'eux ne trouve grâce à ses yeux. Il désapprouve surtout l'école élémentaire où sévit une éducation superficielle visant à endoctriner le peuple. Il évoque son expérience d'élève, le niveau extrêmement bas, le manque de discipline, difficilement supportable, de ses camarades. Même l'établissement phare du système éducatif allemand, le lycée néo-humaniste, est condamné. Le professeur de philologie classique le critique, lui opposant la conception idéale de l'éducation que prônait Humboldt et qui louait l'apprentissage des langues anciennes et la formation des individus au contact des idéaux antiques. Cette éducation, en parfait accord avec la conception que se fait de la *Bildung* le jeune professeur, permettrait d'éduquer les génies et de les inspirer pour qu'ils créent leur propre culture. Mais le système éducatif néo-humaniste, tel qu'il a été réalisé, est amputé de ce qui assurait la valeur éducatrice de son enseignement, à savoir la transmission de l'esprit et des idéaux antiques. Les établissements secondaires ont trahi ces idéaux, même si Pforta constitue, dans une certaine mesure, une exception. Le lycée néo-humaniste n'offre plus qu'un vain apprentissage linguistique, dépourvu de contenus culturels, son objectif n'est plus d'encourager la réalisation d'esprits libres, de

---

[364]. *Ibid.*

grands hommes au service de la culture, mais de créer de nouvelles générations de professeurs. C'est un « établissement de la misère de vivre[365] », semblable aux établissements techniques ou professionnels, la seule différence résidant dans la malhonnêteté des *Gymnasien* qui prétendent encore être des « établissements de culture[366] ». Il en est de même pour les universités. La professionnalisation et la spécialisation des études universitaires les ont dépourvues de toute valeur formatrice. L'autonomie, la liberté totale laissée aux étudiants constituent un obstacle à la réalisation des individus exceptionnels. Au lieu d'encourager les génies, en les guidant, à développer des penchants culturels et philosophiques propres à leur âge, l'institution les laisse en proie au doute, seuls et désespérés. Le produit de l'éducation dispensée par l'institution allemande est « le philistin de la culture[367] », le *Bildungsphilister*, qui se caractérise par son goût de l'actuel, de l'immédiat, tel qu'il s'exprime dans le journalisme. C'est un être nerveux, pressé, et cependant inapte à l'action. Sa vénération de la modernité et sa fascination pour le passé le paralysent, le privent de l'énergie vitale nécessaire à la création. Nietzsche n'a que mépris pour ce déplorable représentant de la culture dominante.

Devant ce constat d'échec, le remède que Nietzsche propose n'est autre que la philologie classique : cette étude souligne en effet toute l'importance que prend cette discipline dans la pensée de Nietzsche. Pour que s'accomplissent les génies, il leur faut s'inspirer de la culture véritable qu'expriment les textes de l'Antiquité. Seule la philologie classique, si elle est enseignée dans cet esprit, donnera aux êtres d'exception le pouvoir de régénérer le présent, d'insuffler une nouvelle énergie à l'Allemagne. L'analyse a montré que Nietzsche est un philologue de son temps, tout en étant inactuel : partisan de la

---

[365] N 97, p. 138.
[366] *Ibid.*
[367] OPC II 1, p. 24.

méthode d'analyse historique et critique des textes à laquelle il a été formé pendant ses études, il se heurte à l'incompréhension de ses pairs en prônant une réunion de la philologie et de la philosophie, pour offrir une vision globale et profondément éducatrice de l'Antiquité.

Si les prises de position de Nietzsche font qu'il reste encore aujourd'hui un philologue trop souvent méconnu, ce travail démontre que le jeune professeur est bien un philologue prolifique est sérieux. Disciple de Ritschl et de l'école de Bonn, enseignant dans ses cours la méthode d'analyse historique et critique des textes et condamnant l'allégorèse, il est un philologue dans l'esprit du temps, qui prône une lecture des textes de l'Antiquité reposant sur le principe de l'honnêteté scientifique.

La critique de Nietzsche de l'enseignement de la philologie classique, tel qu'il est pratiqué à son époque, ne constitue pas pour autant une contradiction : le professeur ne remet pas en question la méthode d'analyse historique et critique des textes en tant que telle, ce qu'il condamne, c'est le fait que la philologie universitaire, se limitant à l'analyse minutieuse et réductrice des écrits de l'Antiquité, en néglige le contenu idéel. Il revendique, à l'opposé, une conception inactuelle de sa discipline : seule l'action commune de la philologie et de la philosophie peut permettre d'exploiter la force éducatrice de l'esprit antique et de transmettre son énergie créatrice. Les cours du jeune professeur apprécié par ses étudiants associent ainsi la lecture critique des textes et leur approche esthétique, culturelle et idéelle.

La conception de la philologie classique que développe Nietzsche lui permet, d'une part, de critiquer la modernité en lui opposant la force créatrice antique, et constitue, d'autre part, un moyen de remédier à la crise de la culture. C'est pourquoi elle reste au cœur de sa réflexion bien après la fin de sa carrière universitaire. La méthode d'analyse historique et critique que prône Ritschl, reposant sur l'honnêteté philologique, permet de lutter contre les falsifications et les interprétations abusives qui prétendent donner des explications des textes ou du monde. En cela, la méthode philologique constitue une arme contre la morale et la métaphysique. La philologie classique intempestive qu'enseigne le jeune professeur permet de lutter contre la pseudo-culture. En libérant l'esprit antique, la philologie de l'avenir permettra de surmonter le temps présent : elle guidera les génies sur la voie d'une culture nouvelle pour qu'au contact de l'Antiquité ils deviennent ceux qu'ils sont.

La Grèce et la Rome antiques, sur l'étude desquelles repose la philologie classique, jouent donc un rôle capital. L'analyse des écrits de jeunesse et de l'époque bâloise fait apparaître une dualité dans la conception que se fait Nietzsche de l'Antiquité. Les rôles respectifs de Rome et de la Grèce sont clairement définis : la langue latine et les auteurs latins favorisent la formation de la langue et du style allemand, alors que l'Antiquité grecque, en tant que modèle, stimule la création d'une culture nouvelle.

Nietzsche admire le style latin de Salluste et d'Horace. Le sérieux et la rigueur de la langue latine doivent éduquer la langue allemande, lutter contre sa pratique paresseuse et dilettante dont le style journalistique est l'exemple le plus caractéristique. La pratique du latin, les exercices de traduction et l'imitation du style des auteurs latins permettent d'atteindre, grâce à un travail scrupuleux de la langue, une force et une intensité d'expression bien plus grandes. C'est pourquoi Nietzsche s'évertue à imiter, alors qu'il est lycéen, le style de Salluste. Ses veillées studieuses soulignent la nécessité du travail du style. L'historien latin fait figure d'éducateur : la pratique d'une langue étrangère, l'imitation de l'écriture d'autrui permettent ainsi de prendre conscience de sa propre identité linguistique et stylistique.

De même, pour que l'Allemagne retrouve l'énergie de créer sa propre culture, il lui est nécessaire de suivre l'exemple de la Grèce antique. L'Antiquité grecque doit servir d'éducateur à l'Allemagne. Elle seule réunit, dans la tragédie, les deux pulsions fondamentales, l'apollinien et le dionysien. L'élément dionysien qui laisse ressurgir les instincts et les forces vitales inconscientes, délivre de l'individualité : l'être ne fait qu'un avec le mouvement de la vie. L'élément apollinien permet, quant à lui, une mise en forme, une prise de distance qui rendent supportable l'inexorable cycle dévorateur de l'existence, qui s'exprime dans le dionysien. L'exaltation, l'énergie fécondatrice du dionysien ont donc besoin de la matrice apollinienne pour s'exprimer, pour prendre forme. La réalisation artistique dépend ainsi de l'équilibre entre ces deux pulsions. Or l'élément dionysien fait défaut aux puissances politiques et militaires que sont l'Allemagne wilhelminienne et la Rome impériale. La trop grande rationalité de ces deux civilisations les rend inaptes à s'exprimer artistiquement. Le primat de la conscience, la volonté de tout exprimer verbalement, issus du socratisme, scindent l'individu, le privant de la force créatrice de son inconscient. C'est pourquoi la Grèce antique doit éduquer la modernité, lui redonner le goût de l'inconscient, de la musique, de la vie. L'Allemagne doit s'inspirer de la tragédie grecque pour sortir de la stupeur socratique et être capable de créer sa propre culture, de devenir elle-même.

L'Antiquité, dans la dualité gréco-latine qui est au cœur des écrits nietzschéens de jeunesse et de l'époque bâloise, ou dans son unité, comme c'est le cas dans les écrits ultérieurs, possède donc une valeur profondément éducatrice. En tant qu'énergie stimulante sur le plan artistique et que puissance affirmative, elle représente un moyen de lutter contre les errements de la pseudo-culture moderne et d'envisager l'avènement d'une ère nouvelle.

L'analyse de la question d'éducation dans les écrits de jeunesse et de l'époque bâloise présente un double intérêt : elle permet d'une part de mettre en évidence la spécificité des réflexions de Nietzsche à cette époque et, d'autre part, de déceler les éléments de continuité qui traversent l'œuvre du philosophe son ensemble.

Une des spécificités de ces écrits vient du fait que l'institution est au centre de la réflexion de Nietzsche sur l'éducation. Pendant cette période, le système éducatif est le cadre de sa vie quotidienne. Les trois moments de sa réflexion sont liés aux étapes de sa formation individuelle dans les établissements de l'institution. Lorsqu'il est lycéen, il a une vision positive de l'éducation qu'il reçoit et loue les structures qui permettent le développement de son esprit. À l'université, il se montre plus critique. Influencé par la lecture de Schopenhauer, il prend une certaine distance par rapport aux enseignements universitaires et aux carrières qu'ils offrent. Alors qu'il est professeur, il dénonce violemment l'institution, les établissements et leurs enseignements. Cette évolution annonce la disparition de la question institutionnelle après la fin de sa carrière d'enseignant. En effet, par la suite, malgré son envie persistante d'être un éducateur, il ne pensera que rarement à réintégrer le système d'éducation publique. Le 25 mars 1883, son ami Franz Overbeck lui propose de se présenter à une place de professeur d'allemand dans le secondaire[368]. Nietzsche prend en considération cette proposition mais émet des doutes quant à ses chances d'être accepté après la publication de *Ainsi parlait Zarathoustra* : « Je crains qu'aucune administration dans le monde ne veuille de moi comme éducateur de la jeunesse après cela[369] ». Cette conviction, non dénuée de bon sens, suffit à le faire renoncer. Il pense plus sérieusement à réintégrer la fonction de professeur d'université : en août 1883, il est même enthousiaste à l'idée de demander l'obtention d'un poste vacant à Leipzig[370]. Dix jours plus tard, il abandonne cependant également ce projet[371]. Il est vrai que le recteur de l'université de Leipzig, Max Heinze, lui a fait savoir que sa candidature a peu de chance d'être acceptée[372]. L'idée d'une nouvelle carrière dans l'institution d'éducation est donc assez peu réaliste.

---

[368] KGB III/2, p. 353.
[369] KSB 6, p. 354.
[370] KSB 6, p. 430.
[371] *Id*, p. 435.
[372] KGB III/2, p. 388.

Nietzsche continue cependant de ressentir l'envie d'enseigner. Il affirme en 1885 :

> « J'avoue que j'aimerais bien de temps en temps donner un cours magistral (...) en tant que moraliste et qu'éducateur qui ne soit pas tombé sur la tête, mais les étudiants sont bêtes et les professeurs plus encore[373]. »

Et en effet, par la suite, il n'est convié à aucune intervention, même occasionnelle, dans une université. Lorsqu'en 1886 il se demande quelle réaction il aurait si l'université de Bâle lui proposait de nouveau un poste, il finit par avouer qu'il refuserait sûrement[374]. Aussi bien dans sa vie que dans ses écrits et sa réflexion, il se détourne donc définitivement, après la fin de sa carrière bâloise, de l'institution d'éducation.

Un autre aspect spécifique des écrits de jeunesse et de l'époque bâloise est l'importance éducatrice qu'ils accordent à l'art. Sur ce point, ces textes se distinguent des écrits qui leur succèdent directement. La création artistique représente pour Nietzsche, dans le corpus étudié, l'expression la plus exacte du degré de culture d'une civilisation. C'est pourquoi l'art occupe une place importante dans la conception nietzschéenne de l'Antiquité et de la philologie classique. L'éducation esthétique permet de lutter contre la culture moderne et de retrouver spontanéité créatrice et vitalité. À partir de *Humain, trop humain,* en revanche, c'est par une approche scientifique et généalogique que Nietzsche chercher à détruire la culture moderne. Le penseur enthousiaste en quête de l'œuvre d'art totale, lecteur de Schopenhauer, laisse place à partir de 1876 au psychologue et à son scepticisme analytique. Le savant remplace l'artiste.

Si, par ses spécificités, la pensée nietzschéenne de l'éducation, de 1858 à 1876, constitue bien une unité, la conception du rôle de l'éducation, qui est de permettre aux individus de devenir ceux qu'ils sont, est une des constantes les

---

[373] KSB 7, p. 48.

[374] Lettre à Élisabeth, datée du 12 mars, KSB 7, p. 159.

plus importantes de l'œuvre du penseur dans son ensemble. Dans ses écrits de jeunesse et de l'époque bâloise, Nietzsche affirme que l'éducation ne peut changer l'individu et qu'elle doit donc mettre au service du génie tous les moyens nécessaires pour qu'il puisse réaliser ses potentialités. De même, tout au long de son œuvre, le philosophe comprend l'éducation comme un processus qui encourage la réalisation des grands individus conformément à leur nature. C'est pourquoi la formule injonctive de Pindare « Deviens celui que tu es » apparaît non seulement dans le travail de Nietzsche sur Diogène Laërce, alors qu'il est étudiant, mais également dans *Ainsi parlait Zarathoustra*[375] et dans le *Gai savoir*[376]. L'exhortation de *Schopenhauer éducateur* « Sois toi-même ! » souligne ainsi le fait que devenir celui qu'il est implique de la part de l'individu une libération des influences extérieures. Ces facteurs néfastes au développement de l'individu restent les mêmes dans les œuvres ultérieures du penseur : l'égoïsme étatique, l'économie, la mauvaise philosophie, la science et l'art décadents. Pour se libérer de l'influence de la modernité, les individus d'exception ont besoin d'éducateurs dont ils choisissent librement de recevoir les enseignements. Nietzsche affirme dans le prologue de *Ainsi parlait Zarathoustra* :

> « Mes yeux se sont ouverts [...]. J'ai besoin de compagnons vivants qui me suivent parce qu'ils veulent se suivre eux-mêmes — et là où je veux aller. [Et ne] pas être le berger et le chien d'un troupeau[377]. »

Sur le chemin de la réalisation, l'éducateur doit permettre à l'individu de se reconnaître et lui donner les moyens de le quitter, de le dépasser. Ainsi, dans ses toutes premières réflexions de lycéen, dans ses écrits d'étudiant, dans ses œuvres enfin de professeur, témoins de sa vocation de pédagogue, Nietzsche met à l'épreuve son propre lecteur, afin qu'au terme

---

375 *Zarathoustra* IV, L'offrande au miel, RL II, p. 471.
376 *Le Gai savoir*, livre III, § 270, RL II, p. 163.
377 *Zarathoustra* I, prologue 9, RL II, p. 299.

de sa lecture lente, appliquée et constructive, il prenne son essor, se libère de son guide, de son éducateur, pour devenir celui qu'il est.

Bibliographie

ŒUVRES ET ÉDITIONS DES TEXTES DE NIETZSCHE :

Éditions françaises de Nietzsche :

OPC : *Œuvres philosophiques complètes*, Gallimard, Paris, 1968.

BP : *Œuvres*, vol. 1, Gallimard, Paris, « Bibliothèque de la Pléiade », 2000.

RL : *Œuvres*, éds Jean Lacoste et Jacques Le Rider, vol.1 et 2, Robert Laffont, Paris, 1993.

N 97 : *La philosophie à l'époque tragique des Grecs suivi de Sur l'avenir de nos établissements d'enseignement*, Gallimard, Paris, 1977.

Ecce homo, trad. Henri Albert, Mercure de France, Paris, 1909.

Corr : *Correspondance*, 2 vol., Gallimard, Paris, 1986.

Editions allemandes de Nietzsche :

BAW : *Historisch-Kritische Gesamtausgabe, Werke I-V*, éds. Hans Joachim Mette (I-IV), Karl Schlechta (III-V) et Karl Koch (V), Munich, 1933-1940.

KGW : *Kritische Gesamtausgabe*, éds. Giorgio Colli et Mazzino Montinari, depuis 1987, Wolfgang Müller-Lauter et Karl Pestalozzi, depuis 1995, Johann Figl et Hans Gerald Hödl, Berlin/New-York, 1967, 1987, 1995.

KGB : *Briefwechsel. Kritische Gesamtausgabe*, éds. Giorgio Colli et Mazzino Montinari, depuis 1987, Wolfgang Müller-Lauter et Karl Pestalozzi, Berlin/New-York, 1975.

KSA : *Sämtliche Werke Kritische Studienausgabe 1-15*, éds. Giorgio Colli et Mazzino Montinari, Munich, Berlin/New-York, 1988.

KSB : *Sämtliche Briefe. Kritische Studienausgabe 1-8*, éds. Giorgio Colli et Mazzino Montinari, Munich, Berlin/New-York, 1986.

ÉTUDES SUR NIETZSCHE :

Baroni, Christophe : *Nietzsche éducateur. De l'homme au surhomme*, Buchet Chastel, Paris, 1961.

Benne, Christian : *Nietzsche und die historisch- kritische Philosophie*, Berlin, New York, 2005.

Birnbaum, Antonia : *Nietzsche. Les aventures de l'héroïsme*, Payot, Paris, 2000.

Bochmeyer, Dieter et Salaquarda, Jörg : *Nietzsche und Wagner. Stationen einer epochalen Begegnung*, Vol. 2, Francfort/M., 1994.

Bornmann, Fritz : « Anekdota Nietzscheana aus dem philologischen Nachaβ der Basler Jahre (1869-1878) ». In : « *Centauren-Geburten » : Wissenschaft, Kunst und Philosophie beim jungen Nietzsche*, éds. Tilman Borsche, Aldo Gerratana et Federico Venturelli, Berlin/New York, 1994, p. 67-80.

Boulby, Mark : « Nietzsche and the Finis Latinorum ». In : *Studies in Nietzsche and the Classical Tradition*, Chapel Hill, 1976, pp. 214-233.

Cancik, Hubert : *Nietzsches Antike*, Stuttgart/Weimar, 1995b.

Colli, Giorgio : *Nietzsche. Cahiers posthumes III*, trad. Patricia Farazzi, l'éclat, Paris, 2000a.

Colli, Giorgio : *Écrits sur Nietzsche* (1980), trad. Patricia Farazzi, l'éclat, Paris, 1996.

Colli, Giorgio : *Après Nietzsche* (1974), trad. P. Gabellone, l'éclat, Paris, 2000b.

Crescenzi, Luca : « Verzeichnis der von Nietzsche aus der Universitätsbibliothek in Basel entliehenen Bücher (1869-1879) ». In : *Nietzsche-Studien. Internationales Jahrbuch für die Nietzsche-Forschung*. 23,1994.

Deleuze, Gilles : *Nietzsche et la philosophie*, Presses universitaires de France, Paris, 1962.

Fink, Eugen : *La philosophie de Nietzsche*, Minuit, Paris, 1965.

Fontanier, Jean-Michel : « Nietzsche et Rome ». In : *Les Etudes Classiques* 71/3, 2003, pp. 225-240.

Garnier, Jean : *La problématique de la vérité dans la philosophie de Nietzsche*, Seuil, Paris, 1966.

Gauger, Hans-Martin : « Nietzsches Stil am Beispiel von 'Ecce homo' ». In : *Nietzsche Studien* 13, 1984, pp. 532-555.

Gilman, Sander L.(éd.) : *Begegnungen mit Nietzsche*. Bonn, 1981.

Goedert, Georges : *Nietzsche disciple de Dionysos, Une introduction à son œuvre*, L'Harmattan, Paris, 2005.

Görner, Rüdiger : « Die Humanität der Selbstüberwindung, ‚Ecce homo' oder die Autobiographie eines posthum Geborenen ». In : Nietzscheforschung. N° 12, Décembre 2005, pp. 133–142,

Gutzwiller, Hans : « Friedrich Nietzsches Lehrtätigkeit in Basel am Basler Pädagogium 1869-1876 ». In : *Basler Zeitschrift für Geschichte und Altertumskunde*, Bâle, 1951.

Haar, Michel : *Nietzsche et la métaphysique*, Gallimard, Paris, 1993.
Janz, Curt Paul : « Friedrich Nietzsches akademische Lehrtätigkeit in Basel 1869- 1879 ». *In* : *Nietzsche-Studien,* 3, 1974, pp. 192-203.
Jaspers, Karl : *Nietzsche*, Gallimard, Paris, 1976.
Langer, Daniela : *Wie man wird, was man schreibt. Sprache, Subjekt und Autobiographie bei Nietzsche und Barthes*, Munich, 2005.
Mboumbou, Albin : *L'éducation chez Nietzsche*, thèse de doctorat sous la direction de Jean-Louis Vieillard-Baron, université de Poitiers, 2005.
Merlio, Gilbert : « Burckhardt éducateur ». In : *Nietzsche-Forschung* 7, 2000.
Montinari, Mazzino : « Ein neuer Abschnitt in Nietzsches 'Ecce homo' ». In : *Nietzsche lesen.* De Gruyter, Berlin, 1982, pp. 120-168.
Montinari, Mazzini : *Friedrich Nietzsche,* Presses universitaires de France, Paris, 2001.
Müller, Enrico : *Die Griechen im Denken Nietzsches*, Berlin/New York, 2005.
Raynaud, Philippe : « Nietzsche éducateur ». In : *Pourquoi nous ne sommes pas nietzschéens.* éds Alain Boyer, André Comte-Sponville, Vincent Descombes, Luc Ferry, Robert Legros, Philippe Reynaud, Alain Renaut, Pierre-André Taguieff, Grasset, Paris, 1991.

AUTRES OUVRAGES :

Ballauff, Theodor : *Pädagogik als Bildungslehre*, Schneider, Hohengehren, 2004.
Benner, Dietrich : *Wilhelm von Humboldts Bildungstheorie*, Weinheim, 3e édition complétée, 2003.
Bollenbeck, Georg : *Bildung und Kultur. Glanz und Elend eines deutschen* Deutungsmusters, Francfort/M., 1994.
Bonjour, Edgar : *Die Universität Basel – von den Anfängen bis zur Gegenwart. 1460-1960*, Bâle, 1971.
Burckhardt, Jacob : *Gesamtausgabe*, Vol. 7, Stuttgart, 1929.
Burckhardt, Jacob : *La Civilisation de la Renaissance en Italie*, le livre de poche biblio, Paris, 1986.
Burnet, John : *L'aurore de la philosophie grecque,* Payot, Paris, 1952.
Drumann, Wilhelm. : *Geschichte Roms in seinem Übergange von der republikanischen zur monarchischen Verfassung oder Pompeius, Caesar, Cicero und ihre Zeitgenossen*, 6 Vol. [Leipzig, 1919], Hildesheim, Olms, 1964.

Dussault, Jean-Joseph-François : *Annales littéraires ou choix des principaux articles de littérature* : éd. Maradan et Lenormant, Paris, vol. 3, 1818-1824.

Espagne, Michel et Werner, Michael : « La Construction d'une référence culturelle allemande en France : Genèse et histoire (1750-1914) ». In : *Annales E.S.C.*, juillet-août 1987, n° 4, pp. 969-992.

Espagne, Michel et Werner, Michael (dir.) : *Transferts. Les relations interculturelles dans l'espace franco-allemand*, Recherches sur les civilisations, Paris, 1988.

Freud, Sigmund : *Le malaise dans la civilisation*, Presses Universitaires de France, Paris, 2000.

Genette, Gérard : *Palimpsestes*, Le seuil, Paris, 1992.

Hegel, Georg Wilhelm Friedrich : *La Raison dans l'histoire*, trad. K. Papaioannou, Plon, Paris, 1965.

Hentig, Hartmut von : *Bildung. Ein Essay*, Weinheim, Bâle, 2004.

Herder, Johann Gottfried : *Ideen zur Philosophie der Geschichte der Menschheit*, Deutscher Klassiker Verlag, Francfort/M., 1989.

Hippolyte : *Philosophumena ou Réfutation de toutes les hérésies*, Les Belles Lettres, Paris, 1988.

Horace : *Œuvres complètes*, trad. et préface par Fr. Richard, 2 vol., Garnier-frères, Paris, 1931.

Jeismann, Karl-Ernst ; Lundgreen, Peter éd., *Handbuch der deutschen Bildungsgeschichte*, Vol. 3, Munich, 1987.

Juvénal : *Satires*, traduction et commentaire de P. de Labriolle et F. Villeneuve, Les belles lettres, Paris, 1996.

Kalfki, Wolfgang : *Neue Studien zur Bildungstheorie und Didaktik*, Weinheim, 1996.

Ker, James: « Nocturnal Writers in Imperial Rome: The Culture of Lucubratio ». In : *Classical Philology* 99, 2004.

Le Rider, Jacques : « Philologie grecque et formation de la théorie psychanalytique : Sigmund Freud et Théodore Gomperz ». In : *Essaim* n° 7 - 2001/1, pp. 203-217.

Mantion, Jean-Rémy : « L'histoire de l'art a-t-elle (un) lieu ? Winckelmann depuis Rome ». In : éd. É. Pommier, *Winckelmann : la naissance de l'histoire de l'art à l'époque des Lumières*, Paris 1991, pp. 125-216.

Müller, Karl Otfried : *Histoire de la littérature grecque jusqu'à Alexandre le grand*, traduite, annotée et précédée d'une étude sur Karl Otfried Müller et sur l'école historique de la philologie allemande, par K. Hillebrand, Edition A. Durand, Paris, 1866.

Pindare : *Odes*, t. 2, Pythiques, Les belles Lettres, Paris, 2014.
Quintilian : *De Institutione oratoria*, éd. Georg Ludwig Spalding, t. 1, 1789.
Quintilian : *De Institutione oratoria*, éd. K. Halm, 1868-1869.
Quintilien : *De l'Institution oratoire*, t. 1-76, I-XII, éd. et tr. Jean Cousin, Paris, les Belles Lettres, 1975-1980.
Quintilien : *L'institution oratoire*, Collection des Universités de France, Paris, 1975.
Rehm, Walter : *Der Untergang Roms im abendländischen Denken*, Darmstadt 1969.
Salluste : *La conjuration de Catilina. La guerre de Jugurtha. Fragments des histoires*, Les belles lettres, Paris, 1981.
Sallmann, Klaus : *Marc Aurel: Selbstbetrachtungen*, Insel Verlag, Leipzig, 1992.
Schwanitz, Dietrich : *Bildung. Alles, was man wissen muss*, Eichborn, 2002.
Tacite : *Annales, XIII-XVI*, Les belles lettres, Paris, 1998.
Ullrich, Volker : *Die nervöse Großmacht. Aufstieg und Untergang des deutschen Kaiserreichs (1871-1918),* Fischer, Francfort/M., 1997.
Zeller, Eduard Gottlob : « Das odium generis humani bei Christen ». In : *Zeitschrift für wissenschaftliche Theologie,* 34, 1891.

Table des matières

L'HARMATTAN ITALIA
Via Degli Artisti 15; 10124 Torino

L'HARMATTAN HONGRIE
Könyvesbolt ; Kossuth L. u. 14-16
1053 Budapest

L'HARMATTAN KINSHASA
185, avenue Nyangwe
Commune de Lingwala
Kinshasa, R.D. Congo
(00243) 998697603 ou (00243) 999229662

L'HARMATTAN CONGO
67, av. E. P. Lumumba
Bât. – Congo Pharmacie (Bib. Nat.)
BP2874 Brazzaville
harmattan.congo@yahoo.fr

L'HARMATTAN GUINÉE
Almamya Rue KA 028, en face
du restaurant Le Cèdre
OKB agency BP 3470 Conakry
(00224) 657 20 85 08 / 664 28 91 96
harmattanguinee@yahoo.fr

L'HARMATTAN MALI
Rue 73, Porte 536, Niamakoro,
Cité Unicef, Bamako
Tél. 00 (223) 20205724 / +(223) 76378082
poudiougopaul@yahoo.fr
pp.harmattan@gmail.com

L'HARMATTAN CAMEROUN
BP 11486
Face à la SNI, immeuble Don Bosco
Yaoundé
(00237) 99 76 61 66
harmattancam@yahoo.fr

L'HARMATTAN CÔTE D'IVOIRE
Résidence Karl / cité des arts
Abidjan-Cocody 03 BP 1588 Abidjan 03
(00225) 05 77 87 31
etien_nda@yahoo.fr

L'HARMATTAN BURKINA
Penou Achille Some
Ouagadougou
(+226) 70 26 88 27

L'HARMATTAN SÉNÉGAL
10 VDN en face Mermoz, après le pont de Fann
BP 45034 Dakar Fann
33 825 98 58 / 33 860 9858
senharmattan@gmail.com / senlibraire@gmail.com
www.harmattansenegal.com

L'HARMATTAN BÉNIN
ISOR-BENIN
01 BP 359 COTONOU-RP
Quartier Gbèdjromèdé,
Rue Agbélenco, Lot 1247 I
Tél : 00 229 21 32 53 79
christian_dablaka123@yahoo.fr

641595 - Février 2016
Achevé d'imprimer par

1livre.com
du rêve à la réalité !